바닷마을
인문학

바닷마을
인문학
김준 지음

따비

차례

3부

어부의 눈으로 본 바다

4부

지속가능한 어촌, 오래된 미래

어촌에 가고 싶다면
어촌에 살고 싶다면

아는 만큼 보이고, 보이는 만큼 사랑한다. 마을은 보이지 않고 돈이 되는 작물과 땅만 보인다면, 함께 사는 일을 고민할 필요가 있겠는가. 그래도 농촌은 어촌보다 상황이 좋다. 접근하기 더 쉽다. 논밭에 짓는 농사가 눈에 보인다. 바닷마을은 알기 어렵고 갯살림은 보이지 않으니, 그들의 삶에 공감하기가 더욱 힘들다.

바닷속을 들여다볼 수 없으니 어민들이 어떻게 사는지, 어촌에 무슨 일이 일어나는지 가늠하기 어렵다. 어느 날은 점심 먹고 오후에야 호미 하나 들고 조새 하나 쥐고 바닷가로 나가는가 싶더니, 어느 날은 저녁에 불을 밝히고 배를 타고 바다로 나간다. 어느 철에는 낙지를 잡아 오더니 어느 철에는 바지락을 캐온다. 눈 내리는 겨울에 푸른 해초를 바다에서 건져 오고, 무더운 여름에 갯벌에서 조개를 파 오기도 한다. 씨를 뿌린 적도 없고 거름을 준 적도 없다. 도깨비방망이 같은 갯벌이요, 바다다.

바닷물이 들고 나는 것도 시시때때 다르다. 선창에 물이 방방하니 차오를 때 "오늘 물때가 참 좋네" 하더니, 선창에 바닥이 드러나 칠게들이 기어 다니는 것을 보고, "오늘 물때가 참 좋네" 한다. 이렇게 배를 타고 그물을 털러 가는 사람과 가래를 들고 낙지를 파러 가는 사람에게 좋은 물때는 서로 다르다. 이를 어떻게 '육지의 시선'으로 알 수 있겠는가. 다름과 차이를 일찍부터 익혀온 곳이 어촌이고 어민들이다. 제주에서 인천까지, 부산에서 고성까지, 들고 나는 물고기도 다르고, 갯밭에 자라는 조개와 해초들도 다르다. 종이 같아도 모양이 다르고, 채취하는 방법도 다르다. 심지어 만들어 먹는 음식까지도 다르다. 어울리는 것들이 다른 탓이다.

농촌으로 귀촌한 사람들을 위한 인문서는 많지만 어촌과 어민의 삶을 이야기하는 인문서는 찾기 힘들다. 그렇다고 이 책이 어촌으로 귀촌하려는 사람을 위해 쓴 것은 아니다. 오히려 도시민에게 어촌의 존재를 알리고 싶었다. 이들이 어촌의 가치에, 갯벌의 가치에, 섬마을의 가치에 공감한다면, 이후 골목 시장에서 마주치는 바지락이, 마트에서 마주하는 김이 다르게 보일 것이다. 바닷가 여행을 하다가 만나는 어민들에게 따뜻한 인사를 건넬 수 있을 것이다. 그 시선이, 따뜻한 한마디가 어민들에게 큰 힘을 줄 수 있고, 어촌을 변화시킬 수도 있으리라.

이 책이 그렇게 쓰였으면 좋겠다. 그래서 가볍게 가지고 다닐 수 있고, 쉽게 읽을 수 있도록 다듬고자 했다. 몇 컷에 불과하지만 그림도 그려 넣었다. 사진도 많이 넣으려고 노력했다. 때로는 물고기의 눈으로, 때로는 어민의 눈으로 바다와 갯마을을 보고자 했다. 힘주어 그 가치를 말하기보다는 그 존재를 알리고 싶었다. 갯살림이 그런 살림살이인 까닭이다. 갯벌 생물이 먼저 자리를 잡고, 새들이 그곳을 찾고, 인간이 기대어 살아온 곳이다. 갯벌 공동체이자 바다 공동체다.

30년이 다 되도록 주말이면 어김없이 바닷마을을 배회했다.

어촌과 어민의 이야기를 오랫동안 글로 기록했지만, 이번처럼 두근두근 기다린 적이 없다. 얼기설기 글을 엮어 논문을 쓰면서도 언젠가 도시민들에게 갯마을 이야기를 소개하는 책을 내리라 마음먹었다. 이 책이 그 책이었으면 하는 바람이다.

개념 있는 인문서만 출판하는 따비에서 책을 내게 되어 더욱 기쁘다. 큰 기쁨을 준 박성경 대표에게 감사드린다. 무엇보다 생소한 개념과 낯선 곳의 살림살이를 독자의 입장에서 읽어준 차소영, 신수진 편집자에게 진심으로 감사드린다.

무엇보다 잊을 수 없는 사람들은 이 책의 진짜 주인공인 어민들이다. 뻘밭을 누비며 꼬막을 줍는 벌교 장도의 박씨, 신안의 낙지잡이 달인 강씨, 우리나라에서 가장 어린 백합잡이 어민 주문도 하율이, 제주의 원담지기 이씨, 진도의 독거도 미역밭 주인 안씨, 볼낙김치를 맛있게 담그는 통영의 추도슈퍼 안주인, 부산의 가덕도 숭어들이 망수 김씨, 삶의 지혜를 나누어준 많은 어민들이 진짜 이 책의 주인이자 주인공이다. 진심으로 고맙고 감사하다.

끝으로, 잔소리도 지쳐 이젠 슬며시 양말과 속옷을 카메라 가방에 밀어 넣는 아내와 아이들에게도 미안하고 고맙다.

모든 어촌과 어민들이 영원하길.

2020년을 시작하며

김준

1부

물고기의 눈으로 본 바다

인간이 살아가려면 의식주가 마련되어야 한다. 더 쾌적한 환경을 위해 나무를 심어 도시 숲과 공원을 만들며, 박물관·도서관·미술관을 세우고, 차를 타고 오갈 수 있는 도로를 만든다.
좋은 환경은 비단 인간에게만 필요한 것이 아니다. 물고기에게도 쾌적한 환경이, 숲과 공원이 있는 바다가 필요하다. 인간과 물고기 사이에 차이가 있다면 인간은 그런 환경을 만들기도 하고 파괴하기도 하는 반면, 물고기는 그렇게 하기 어렵다는 것이다. 대신 적합한 환경을 찾아 그곳에 알을 낳고 어린 물고기를 키운다. 그곳을 갖은 플라스틱 쓰레기며 스티로폼 알갱이가 덮어버린다면 어떻게 될까.
바다는 인간이 생활하는 곳이 아니라 해양생물이 살아가는 곳이다. 바닷물고기가 살아가는 곳이다. 그럼에도 바다는 늘 인간의 시선을 통해 비쳐졌다. 어떻게 이용할지, 어떻게 하면 멸치며 오징어를 더 많이 잡을 수 있을지. 바다 숲을 조성하고 인공 어초를 넣고 금어기를 지정하는 것조차 물고기를 위한 것이 아니라 인간이 더 많은, 더 큰 바닷물고기를 잡기 위한 수단이다. 우리는 인간으로서가 아니라 물고기와 물새의 입장에서 바다를, 갯벌을, 어촌을 살펴야 한다.

01

물때, 기다림이다

섣달 스무아흐레, 그믐이다. 바닷물이 제일 많이 빠지는 날이다. 이를 어민들은 '사리'라고 한다. 내일 모레면 설 명절이다. 이 무렵 바닷가 사람들은 바쁘다. 물 빠진 갯벌에서 감태를 매고, 꼬막을 캐고, 굴을 까야 한다. 이를 아는지 바다도 물이 빠지고 드는 시간이 길어지고 드러난 갯벌도 넓어 일하기에 좋다. 오늘 장흥군 회진 바다는 오후 2시 무렵에 물이 가장 많이 빠지니 점심 먹고 나가기에 참 좋은 물때다. 이런 물때는 어민들에게 여느 하루와 다른 시간이다. 옛 여객터미널에 자리 잡고 일하는 김씨를 만나 감태부침개와 막걸리로 요기를 하고 배에 올랐다.

한때 완도군 금일도와 생일도를 오가는 배가 이곳에서 출발했다. 회진항이 가장 번영했던 시절이다. 백의종군한 충무공이 열두 척의 배를 이끌고 사지로 출발한 곳도 이곳이다. 지금은 감태가 제철이다. 남도 어촌 마을에서는 김장철이 끝난 후 설 명절을 앞두고 '감태지'(감태김치)를 담근다. 그래야 자식들이 고향을 찾았을 때 숙성된 감태지를 맛볼 수 있다. 어머니가 만들어주는 바다 맛을 잊지 못해 고향을 찾는다는 것도 거짓이 아니다.

배를 타고 감태밭이라도 돌아보자는 말에 따라나섰다. 물이 많이 빠지고 있는데 배가 움직일 수 있느냐는 물음에 김씨는 "걱정할 일 없다"고 자신했다. 김씨 말을 믿은 게 잘못이다. 갯밭의 주인은 남자가 아니다. 지금껏 여자들이 일궈왔다. 몇 차례 김씨의 아내가 채취한 감태를 배에 싣고 이동하려는데 배가 꿈쩍도 하지 않는다. 갯등에 제대로 박혔다. 갯등은 썰물에 가장 먼저 모습을 드러내는 갯벌로, 수심이 낮아지면 곧잘 배가 걸리곤 한다.

"아이쿠, 큰일 났네."

"박혔어."

김씨가 아내 눈치를 본다. 상황을 모르고 감태를 매던 아내가 낌새가 이상했는지 돌아보더니 소리친다.

"그럴 줄 알았어."

"소용없어. 물 들 때까지 기다려야 써."

아무리 가볍고 작은 배라도 물이 빠지기 시작한 상태에서는 빠져나올 수가 없다. 엔진이 선체 밖에 있어 '선외기'라 부르는 작은 배는 어민들에게 자가용이나 다름없다. 그러니까 승용차가 길 옆 도랑에 빠진 셈이다. 아내는 헛심 쓰지 말고 물이 들 때까지 기다리란다. 어느 해인가 영등철(음력 2월)에 진도 '신비의 바닷길'에 배가 걸려 몇 시간을 기다린 적도 있다. 조기들의 고향이었던 영광군 송이도며 낙월도 앞 칠산 바다에서는 풀등(모래가 쌓여 만들어진 언덕에 풀이 수북하게 난 곳)이 생겨 배 시간이 물때에 맞춰 변했다. 심지어 뱃길을 옮기기도 한다. 말하자면 물때는 단순히 물이 들고 나는 때를 가리키는 것이 아니다. 바다에서 물때는 다른 모든 '때'를 결정한다. 물때는 길을 열어주기도 하고 닫아버리기도 하며, 일정한 시각에 일을 하고 밥을 먹는 육지와 다르게 일상생활을 매일 다르게 구성한다. 때문에 어민들은 바다의 시간을 가늠할 때 여전히 물때에 의존하지만, 낚시객들 혹은 갯벌 체험이나 섬 여행을 하는 뭍사람들은 국립해양조사원에서 제공하는 '조석표'를 많이 이용한다. 바다 농사를 짓는 사람들에게는 물때가 밭농사를 짓는 사람들에게 해가 뜨고

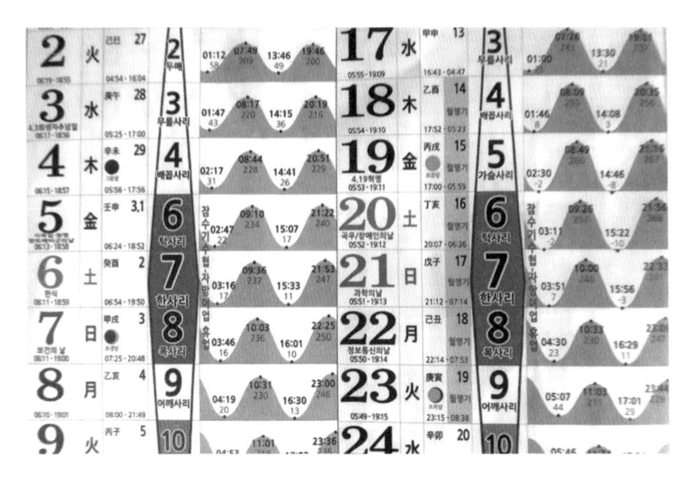

경남 거제시 화도 도선에서 본 물때표

지는 만큼이나 중요하다면, 바다와 갯벌을 놀 거리로 보는 사람들에게는 조석표가 유용하다. 물때가 현지 사람들의 경험을 기준으로 삼은 과학이라면, 조석표는 현대 과학기술이 만들어낸 결과물이라 해야 할까.

이 물때와 조석표는 어떻게 다를까. 물때는 전통 지식이고, 조석표는 국립해양조사원이 조사한 자료를 바탕으로 1년간의 조석 수치를 표로 만든 것이다. 조류에 관하여 특정 시간과 특정 장소, 앞으로 일어날 조석과 조류를 추산한 것이다. 이는 밀물과 썰물의 최고·최저 수위에 이르는 시각과 높이를 말한다. 예를 들어 옆에 실린 사진은 나날의 간조(바닷물이 빠져나가 해수면이 가장 낮아진 상태)와 만조(반대로 해수면이 가장 높아진 상태)의 시간 및 수위를 표시한 것이다. 반면 '조석'은 해양학에서 이용하는 용어로, 지구와 달과 태양 사이의 인력으로 인해 발생하는 규칙적인 해수면 상승운동을 가리킨다. 바다가 태양과 달이 지구에 미치는 기조력에 의해 오르내리는 현상이다. 다들 학교에서 배운 내용이겠지만, 바다에서 멀어지면 잊기 쉬운 내용이니 지구과학 시간인 것처럼 생각해보자.

밀물은 바닷물이 육지 쪽으로 들어오는 것을, 썰물은 바다 쪽으로 나가는 것을 말한다. 들물, 날물이라고도 한다. 해수면이 가장 높은 만조를 '참물때', 가장 낮은 것을 '간물때'라고도 한다. 이렇듯 바닷물이 들어왔다가 나가고, 나갔다가 들어오는 것은 달 때문이다. 달은 지구 주위를 끊임없이 돌면서 하루에 두 번씩 바닷물을 들어 올렸다가 내리곤 하는데, 달이 우리나라 하늘 위에 있거나 지구 반대편에 있을 때 (우리나라로 보자면) 인력이 가장 커서 만조가 된다. 반대로 달이 서쪽이나 동쪽 수평선에 걸릴 때에는 간조가 된다. '조차'도 마찬가지로 해양학에서 사용하는 용어로, 밀물과 썰물의 수위 차이를 말한다. 요컨대 '조차'는 '조석 간만의 차'다. 간만干滿은 앞서 말한 간조, 만조를 아우르는 단어다. 이 조차가 가장 큰 곳은 서해로, 인천에는 무려 9미터 가까이 되는 곳도 있다. 보통 서해와 남해에서는 4~5미터를 기록하며, 부산은 1미터 내외, 동해는 20센티미터 정도다. 이 공간을 조간대라고 하는데 해양생태계에 중요한 역할을 한다.

다시 물때로 돌아가서 설명해보자. 〈표 1〉과 같이 초여드레(8일)와 스무사흘(23일)을 '조금'이라 한다. 바닷물이 가장 조금 들

음력 날짜(달)		서해(남해서부 포함)			남해(남해서부 제외)			제주	
		인천	부안	목포	남해	통영거제	부산	조천	서귀포
1 초승달	16	일곱매	일곱매	일곱물	여덟물	턱사리	턱서리	여덟물	일곱매
2	17	여덟매	여덟매	여덟물	아홉물	한사리	한사리	아홉물	여덟매
3	18	아홉매	아홉매	아홉물	열물	목사리	한사리	열물	아홉매
4	19	열매	열매	열물	열한물	어깨사리	어깨사리	열한물	열매
5	20	한꺽기	한꺽기	열한물	열두물	허리사리	허리사리	열두물	한꺽기
6	21	두꺽기	두꺽기	열두물	열세물	한꺽기	한꺽기	막물	두꺽기
7	22	아조	아조	열세물	열네물	두꺽기	두꺽기	아끈줴기	아조
8	23	조금	조금	열네물	조금	선조금	선조금	한줴기	무시
9	24	무시	무시	조금	한물	앉은조금	앉은조금	한물	한매
10	25	한매	한매	한물	두물	한조금	한조금	두물	두매
11	26	두매	두매	두물	세물	한매	한매	세물	세매
12	27	세매	세매	세물	네물	두매	도매	네물	네매
13	28	네매	네매	네물	다섯물	무릎사리	무릎사리	다섯물	네매
14	29	다섯매	다섯매	다섯물	여섯물	배꼽사리	배꼽사리	여섯물	다섯매
15 보름달	30 그믐달	여섯매	여섯매	여섯물	일곱물	가슴사리	가슴사리	일곱물	여섯매

〈표 1〉 지역별 물때표와 명칭

고 조금 빠지기 때문에 붙여진 이름이라 한다. 반대로 보름과 그믐은 바닷물이 가장 많이 들고 많이 빠져 '사리'라고 한다. 요컨대 하루에 두 번 바닷물이 들고 나는 간조·만조가 있고, 한 달에 두 번 15일 주기로 조금·사리가 있는 것이다. 사리에는 바닷물이 많이 들고 빠질 뿐만 아니라 조류도 거세고 빠르다.

이제 과학으로 설명해보자. 하루에 6시간 간격으로 두 번 밀물과 썰물이 일어나는데, 그 시각이 조금씩 차이가 난다. 오늘 새벽 5시에 간조였다 해도, 똑같이 다음 날 5시에 간조가 되지는 않는다. 5시 49분에 간조다. 이는 지구의 자전과 달의 공전의 차이에서 발생한다. 지구가 한 바퀴 자전하는 데에는 24시간이 걸리지만, 달이 지구를 한 바퀴 공전하는 데에는 24시간 49분이 걸리기 때문이다. 그리고 바닷물은 (앞서 말했듯이) 달의 인력에 큰 영향을 받는다. 그 차이다.

물때는 아무리 듣고 배우고 익혀도 어렵다. 일상이 아니기 때문이다. 통영의 작은 섬으로 들어가는 길에 여객선 안에서 본 물때를 표현한 내용이 기막히다. 음력 초여드레, 조금이다. 그런데 여기서는 조금을 '선, 앉은, 한'이라는 말로 표현했다. 조금의 정도가 '선, 앉은, 한' 순으로 강해진다. 한은 '크다'는 우리말이지만, 한조금은 들고 나는 물이 가장 적고 조류도 가장 약하다. 반

전북 부안군 곰소염전 물때표. 염부들이 바닷물을 저수지에 담기 위해 만들었다.

면 사리는 '무릎, 배꼽, 턱, 한'이라는 말로 표현했다. 마찬가지로 무릎보다는 배꼽, 배꼽보다는 턱사리가 조류 세기가 빠르고 들고 나는 물도 많다. 한사리의 '한'은 조금 앞에 접두사로 붙인 것과 반대로, 물이 가장 많이 들고 나는 때를 가리킨다. '꺽기'라는 표현도 있는데, 이는 사리에서 조금으로 꺾이기 시작한다는 말이다. 한꺽기, 두꺽기 같은 식으로 단계를 구분한다.

이뿐만이 아니다. 인천에서는 물때를 '한물, 두물 세물'이라고 표현하는 대신 '한매, 두매, 세매'라 하며, 충청도 지역과 전북 부안에서는 '한마, 두마, 세마'라 한다. 전남 지역 남서해에서는 '한물, 두물, 세물'이라 부르고, 부산을 비롯한 경상도 지역에서는 '한무새, 두무새, 세무새'라 한다. 이런 이름들이 정확히 어떻게 붙여졌는지는 알 수 없다. 예부터 전해 내려온 전통 지식이라는 것 정도가 공통점일 뿐이다. 특이한 것은 제주다. 제주에서는 물때를 '물찌'라 하는데, 조금은 '줴기'라 하며, 조금에 이르지 못한 물때는 '아끈줴기'라 한다. ('아끈'은 '작은'을 뜻하는 제주어다) 조차가 가장 적은 때는 '한줴기', 조금이 시작되는 때는 '첫조금', 바닷물이 가장 많이 빠진 때를 '조쎄기', 조차가 심한 일곱물에서 아홉물까지는 '웨살(와살)'이라 한다(이 일곱물에서 아홉물까지가 뭍에서 말하는 사리에 해당한다). 하나같이 생소한 단어들이라 외우기는 어려울 성싶다.

이렇게 다양하게 불리는 물때에 따라 어민들의 어업 방식도 달라진다. 잠수기를 이용한 어업이나 자망어업, 나잠어업(해녀들이 특별한 산소 호흡 장치 없이 잠수하여 해산물을 캐는 어업)은 조류가 거칠면 하지 못한다. 잠수기어업이나 나잠어업을 하지 못하는 이유는 말할 것도 없고 자망어업은 조류의 저항을 크게 받기 때문이다(특히 나잠어업은 사리부터 두꺽기까지 피해야 한다).

농업은 농사력에 의존하지만 어업은 물때가 결정한다. 낙지를 잡을 것인가 조개를 캘 것인가, 물질을 할 것인가 그물을 놓을 것인가 아니면 낚시를 할 것인가도 물때가 결정한다. 지금은 '어군탐지기', 줄여서 '어탐기'를 이용해 잡으려는 어류의 위치를 찾아내 그물, 통발, 낚시 등으로 잡는다. 옛날에는 대부분 어군이 지나는 길목에서 기다려 잡았다. 서해안처럼 조차가 크고 물때가 중요한 곳에서는 갯골이나 섬과 섬 사이, 여(물속에 잠겨 보이지 않는 바위)나 갯바위 사이에 그물을 매고 조류를 따라 들어오는 물고기를 잡았다. 그 원리가 '살'이고 '어전'이다. 그 흔적이 독살(돌살), 죽방렴 등이다. 그물의 경우에는 초기에는 칡덩굴이나 나무껍질로 엮었지만 나중에는 면사로, 그리고 나일론이 등장하면서 오늘날과 같은 형태로 발달했다. 남해는 서해에 비하면 조차가 작지만 동해에 비해서는 크다. 만으로 들어오는 어류를 유도하는 유인그물이 특징인 정치망이 발달했다. 멸치를 잡는 정치망, 각망 등이다. 동해는 조차가 크지 않고 수심이 깊어 어전이나 정치망을 설치하기도 어려웠다. 그물을 드리워 물고기가 지나다 그물코에 꽂히도록 해서 잡는 유자망이 발달했다. 명태를 잡는 그물이 그 원류라 할 수 있다. 물론 시간이 흘러 크고 힘이 센 동력을 갖춘 배가 등장하고 긴 그물과 통발 등 어구가 등장하면서 서해 먼바다에서도 유자망으로 조업을 할 수 있게 되었다. 반대로 동해는 물론 제주 먼바다에도 내파성이 큰

경남 남해군 지족해협 죽방렴. 물때에 맞춰 멸치를 잡는 전통어업이다.

정치망을 설치할 수 있게 되었다. 덕분에 삼척이나 동해 바다에 대형 정치망을 설치해 방어, 참치, 다랑어 등을 잡는다.

지금도 서해 및 남해에서는 조차를 이용해 어업하는 것과 달리, 동해에서는 유자망 등 자망그물을 이용해 대구, 가자미, 도루묵 등을 잡고, 부산과 진해만에서는 호망(대구를 잡을 때 쓰는 정치망) 등 정치망을 이용해 대구를 잡고 있다. 남해에서는 멸치를 잡는 데 낭장망과 정치망을 이용했고, 서해에서는 조기를 잡는

데 안강망을 이용했다.

이들 그물어업의 기초는 자망이다. 직사각형에 고정하지 않고 조류에 따라 움직이는 그물을 유자망이라 하며, 닻을 놓고 고정하는 그물을 자망이라 한다. 안강망은 그물 모양이 아귀를 닮아 붙여진 이름이다. 낭장망은 안강망과 생김새가 비슷하지만 유인 그물이 없다. 조차가 크고 조류가 셀 때에는 그물을 올려놓는 것이 좋다. 조차가 큰 서해에서는 해파리가 많이 나오면 낭장망이나 다른 그물을 걷어놓는다. 조류를 이겨내지 못하고 터질 수 있기 때문이다. 혹여 해파리나 멸치가 들어 그물코를 막기라도 하면 더 위험하다. 비싼 그물이 훼손될 우려가 크다.

물이 가장 많이 들고 빠지는 사리 물때에 서해에서는 주벅, 죽방렴, 독살(석방렴)을 이용해 조류를 따라 들어오는 조기, 민어, 멸치, 새우 등을 잡았다. 반대로 자망, 통발, 연승(주낙) 어업은 조금 물때에 활발하다. 물이 많이 들고 빠지는 물때에는 조간대(만조 때의 해안선과 간조 때의 해안선 사이)가 매우 넓다. 넓은 갯벌이 펼쳐지는 것이다. 이런 날에는 바지락을 캐거나 낙지를 잡기에 아주 좋다. 염전을 하는 이들은 물이 들어올 때면 염전에 바닷물을 들인다. 염전은 조간대 상부에 있기에 물이 많이 들 때 수문을 열어 바닷물을 유입시키곤 한다. 이렇듯 물때에 따라 달라지는 어업 방식은 동해에서만큼은 예외다. 서해나 남해와 달리 갯벌이 없는 동해의 어부는 물때보다는 파도를 중시한다.

낚시꾼이나 어부도 물때에 민감하기는 하지만 해녀만 할까. 앞서 말했듯이 조차가 큰 물때를 제주에서는 '웨살'이라 한다. 특히 차이가 큰 물때를 '진웨살'이라 해, 동무 없이 혼자 물질하는 '헛무레'를 삼갔다. 조류가 세면 물속이 탁해질 뿐만 아니라 몸을 가누기 어려워 조금에 물질을 한다. 그렇다고 조금이라 해서 항상 물속이 맑은 것만은 아니다. 조금 중에서도 물이 맑아 시야가 밝으면 '암조금'이라 하고, 물이 탁해 시야가 어두우면 '숫조금'이라 한다. 이렇듯 조금 물때를 세분했다는 것은 그만큼 중요한 시기라는 의미다.

뱃길과 섬길을 여는 것도 물때다. 섬과 갯벌이 가장 많은 신안군에서는 다리를 놓기 전에 물 빠진 갯벌에 징검다리(이런 징검다리를 '노두'라 한다)를 놓고 건너다녔다. 결혼식을 할 때에도 꽃가마를 타고 노두를 건넜고, 큰 섬에 있는 학교를 오갈 때에도 노두를 건넜다. 물론 등하교 시간은 물이 빠지는 시간에 맞춰졌다. 신안군 증도면 병풍리는 병풍도·신추도·대기점도·소기점도·소악도 등 여러 섬이 노두로 연결되어 있는데, 학교가 큰 섬에만 있던 때는 수업을 하다가도 바닷물이 불어 노두가 잠길 시

전남 신안군 암태면 추포도 노두. 갯벌이 발달한 지역에서 섬과 섬 사이에 노둣돌을 놓아 물이 빠지면 건너다녔다.

간이 되면 책보를 싸고 하교했다. 아이들이 노두를 건너는 시간에 맞춰 부모들이 당번을 정해 마중을 나와야 했다. 등교 시간이 물때에 맞춰지니, 때로는 새벽밥을 먹고 나가기도 하고, 때로는 해가 두둥 떴을 때 나가기도 했다. 간혹 하교 시간이 늦어 아이들이 바닷물에 휩쓸리는 사고를 겪기도 했다. 노두 위를 시멘트로 포장했지만 여전히 물때에 따라 길이 열리고 닫힌다. 신안에는 지금도 16개의 노두가 남아 있다.

조차가 큰 선창은 물이 빠지면 배를 접안하기 어렵다. 때문에 사리에는 선착장이 제 구실을 하지 못하고, 조금에만 배를 접안한다. 영광군에 있는 안마도는 조금 때는 하루 2회 배가 다니며, 나머지 물때에는 1회만 다닌다. 한 달에 약 8일 정도 2회 운항을 한다. 다른 물때에는 물이 많이 빠져 배를 선착장에 댈 수 없다. 배 시간도 물이 빠지는 시간에 맞춰 30분씩 늦춰진다. 매일매일 배 시간이 바뀐다. 이런 포구를 나진, 낮은개, 여튼개, 조금나루 등이라 한다. 나진이나 낮은이나 여튼은 '조금'이라는 의미를 함축한 말인데, 바닷물이 많이 빠지지 않는 조금 물때에 나루터 기능을 했기에 붙여진 이름이다.

이런 조차는 비단 섬살이나 갯살림에만 영향을 미친 것이 아니다. 강에도 큰 영향을 주었다. 지금은 강 하구에 댐을 만들어 바닷물이 강과 바다를 오가는 것을 막아놓았다. 이에 따라 장어나 연어, 숭어 등이 오가는 길목도 막혔다. 옛날에는 바닷물도, 물고기도 내륙 깊숙한 곳까지 올라왔다. 금강의 뱃길이 닿았다는 강경에 그 흔적이 기록으로 남아 있다. 금강 줄기에 위치한 옥녀봉 금석문은 가장 오래된 조석표이자 물때표다. 조선 철종 11년(1860) 8월 송심두가 기록한 것으로, '해조문'이라 부른다. 조류를 해석한 글이라는 의미일까. 1860년에 옥녀봉은 강경포구가 내려다보이는 곳이었다. 해조문에는 강경포구의 밀물과 썰물의 발생 원인과 만조 시각, 수위 등이 기록됐다. 바다가 가깝고 강에 접해 한때 10만여 명이 모여들었던 강경은 충북과 전북 고군산군도 일대에서 잡힌 생선과 징개밍개 쌀, 옥구 일대 염전에서 거둔 소금 등이 모이는 중심지였다. 징개밍개(진개민개, 징개맹개라고도 한다)는 김제와 만경을 아우르는 지역 말이다. 만경강과 동진강 유역에 펼쳐진 너른 벌판이 한 배미로 연결되어 있어 '징개밍개 외배미 들'이라고 했다. '배미'는 본래 논을 세는 단위다. 경지를 정리하기 전에는 크고 작은 배미가 있었지만, 나중에는 비슷한 크기로 구획해 200평, 400평 등 일정한 크기로 나누었다. 징개밍개 간척지 역시 일정한 크기로 나누었지만 그 모양이 마치 한 배미처럼 보여 '외배미 들'이라 한 것이다. 그만큼 넓고 크다는 의미다. 이곳에 가면 지평선을 볼 수 있다. 바닷물이 들었던 곳은 일제강점기에 간척됐고, 해방 이후에는 박정희 정권 시절에 최초의 대규모 간척사업인 동진강 간척이 추진됐다. 이는 새만금에까지 이어졌다. 1990년대에 논의되기 시작한 새만금 간척사업의 '새만금'은 만금 평야에서 가져온 이름인데, 이 만금 평야가 징개밍개 들이고, 흔히 이야기하는 김제·만경 들, 즉 김제 평야를 말한다. 새만금 간척은 군산·김제·부안을 잇는 대규모 국책사업으로, 초기에는 농지 조성이 목적이었다. 새만금의 위치를 보면 일제강점기에 간척한 징개밍개 들 밖에 위치한 갯벌이고 바다였다. 징개밍개 들은 일제가 팔도의 조선인을 모아 순전히 지게와 삽, 인력만으로 흙과 돌을 운반해 간척했다면, 새만금은 정부가 현대, 삼성 등 대형 건설사에 의뢰해 중장비로 제방을 쌓아 간척했다. 요컨대 새만금은 징개밍개 간척사업, 동진강 간척사업의 완성이라 할 수 있다. 그렇지만 인간이 아닌 물고기의 눈으로 보면, 최대 서식지가 사라졌다.

금강 갯골로 조기, 갈치, 민어, 홍어, 게, 전갱이, 새우 등 바닷물고기며 민물고기며 가릴 것 없이 모여들었다. 특히 새우는 지금도 이곳이 집산지 역할을 한다. 뱃사람들은 보통 사리에 조업을 하고 조금에 포구로 들어왔다. 조류가 빠를 때에는 안강망을 놓고 느릴 때는 유자망을 놓아 조기, 고등어, 삼치 등을 잡고, 물때와 물때 사이에 인근 섬이나 포구에 배를 접안한 뒤 어획물을 팔고 다음 출어를 준비했다. 이들이 배를 댔던 조도, 흑산도, 목포, 법성포, 위도, 죽도, 연평도 등 포구에는 '파시波市'가 형성되었다. 파시란 본래 바다 위에서 어획물 매매가 이루어지는, 이른바 바다 시장을 뜻한다. 그런데 그것이 점차 포구로, 뭍으로 올라오면서 의미 또한 넓어졌다. 파시는 더 이상 바다 시장만이 아니라 어장과 가까운 포구나 뭍에서 어업자나 어부를 상대로 한 각종 상행위가 이루어지는 곳을 의미한다. 파시촌이 만들어지면서 어구며 생필품을 파는 곳만이 아니라 목욕탕, 쌀집, 선박수리소, '작부집'이라 불리는 술집 거리도 형성됐다.

조금에 선원들은 어구를 손질하고 쌀과 부식 등 식구미(선원들이 조업기간에 먹을 것)를 준비했다. 또 오랫동안 바다에서 굶주린 욕정을 술집에서 풀기도 했다. 요컨대, 건설 현장에서 일하는 사람들이 비 내리는 날에 쉬듯, 뱃사람들에게 쉬는 날은 조금인 것이다. 이날은 가족을 만나는 날이기도 하며, 술집에서 술 마시고 노래하며 노는 날이기도 하고, 아내를 만나는 날이기도 했다. 진도 조도 뱃사람들이 많이 거주했던 목포 온금동에는 '조금새끼'라는 말이 있는데, 〈조금새끼〉라는 시에 그 의미가 잘 드러나 있다.

> 가난한 선원들이 모여 사는 목포 온금동에는 조금새끼라는 말이 있지요. 조금 물때에 밴 새끼라는 뜻이지요. 그런데 이 말이 어떻게 생겨났냐고요? 아시다시피 조금은 바닷물이 조금밖에 나지 않아 선원들이 출어를 포기하고 쉬는 때랍니다. 모처럼 집에 돌아와 쉬면서 할 일이 무엇이겠는지요? 그래서 조금 물때는 집집마다 애를 갖는 물때이기도 하지요.
>
> 김선태, 〈조금새끼〉 중에서

여수에서 여수살롱이라는 문화공간을 운영하는 시인 임호상은 조금을 더 절절하게 묘사한다.

중선 배 타고 나간 아버지는 한 달에 두 번 조금이 되어서야 돌아왔다. 초여드레, 스무이틀 간만의 차가 없는 조금, 아버지도 바다에서 돌아오는 날. 어머니의 마음은 뜸을 들이는 무쇠솥처럼 이미 뜨거워져 있다. 바다에서 몇 바지게씩 고기를 져다 나르는 날이면 앞마당에 호야불 켠다. 당신의 마당에도 불이 켜진다. 어머니 마음도 이미 만선이다. 보름을 바다에 있다 보면 얼마나 뭍이 그리웠을까, 얼마나 밑이 그리웠을까 뜨거워진 당신은 선착장 계선주에 이미 밧줄을 단단히 동여맸다. 아버지도 그랬지만 선착장에서 하염없이 기다리던 어머니도 그랬다. 조금이 돼야 뜨거워질 수 있었던 그때 갯내음으로 자란 우리들은 조금새끼.

……

문 밖에서 아버지를 기다리는 파도소리 자꾸만 자꾸만 어머니의 가슴을 쳤다.

임호상, 〈조금새끼로 운다〉 중에서

전남 영광군 법성면 칠산 바다. 물이 빠지자 물고기가 얼마나 들었는지 갈매기가 먼저 알려준다.

바람 타는 섬, 바람 읽는 사람들

02

섬사람들이 가장 무서워하는 것은 무엇일까. 어부들이 가장 두려워하는 것은 무엇일까. 어려운 질문일까. 그렇다면 가장 고마워하는 것은 무엇일까. 역시 대답하기 쉽지 않은 질문이다. 지극히 개인적인 생각이지만 섬사람들이 가장 무서워하는 것도, 가장 고마워하는 것도 '바람'이다. 바람 없는 섬이 가능할까. 바람 없는 섬살이가 가능할까.

섬에 살면서 가장 살펴야 하는 것이 바람이다. 봄바람에서 여름 남풍으로 바뀌는 계절에, 높지는 않아도 낮게 찰찰거리며 까뒤집는 파도는 무섭다. 뱃사람들이 두려워하는 바람이다. 그 바람이 평생 고기잡이로 살아온 할아버지를 삼키고, 아버지를 데려갔다. 완도 어느 섬, 신안의 작은 섬마을에는 같은 날 제사를 지내는 집이 많다. 나룻배나 고기잡이배가 뒤집혀 함께 타고 있던 마을 사람들이 변을 당한 것이다. 흑산도에서는 이런 바람을 '보리 말리는 바람'이라고 한다. 이 바람이 불어야 보리가 익어간다.

뭍에서도 그렇지만 섬에서 보리는 각별하다. 농사가 여의치 않은 섬에서 보리와 고구마는 주요 식량이었다. 그런데 어쩌랴. 쌀은 석 달도 버티지 못하는 것이 대부분이고 고구마도 보리가 익기 전에 떨어진다. 쌀농사를 지을 땅은 없고, 보리를 심을 땅도 비탈진 산자락을 개간한 손바닥만 한 곳이 전부다. 설익은 보리를 베어다 말려야 하니, 그 바람이 얼마나 고맙겠는가. 이렇듯 뱃사람들에게 두려우면서도 고마운, 이율배반적인 존재가 바람이다. 또 '모지미 여자 뺨 맞는 바람'도 있다. 모지미는 흑산도 섬마을 '마리'를 일컫는다. 흑산도 옆에 작은 섬 장도 사이로 비집고 불어오는 하늬바람에 맞서 갯일을 해야 하는 여자들에게 바람은 피할 수 없는 일상이다.

어촌이나 섬마을에서는 바람을 어떻게 맞고 어떻게 피할까.

섬사람들이 피하는 바람은 남동풍이나 북서풍 등 계절풍이다. 태풍을 몰고 오는 바람이요, 한파를 몰고 오는 바람이다. 그렇다고 피할 수도 없다. 바람을 맞을 수밖에 없는 노릇이니 바람을 읽었다. 마을 앞 바닷가에 나무를 심고, 뒷산에 돌담을 쌓고, 처마보다 높은 담을 쌓았다. 제주 올레와 신안 다도해 우실이 그렇다. 올레는 바람 많은 제주에서 바람을 가로막는 대신 안고 사는 섬사람의 지혜가 만들어낸 문화유산이다. 해안을 둘러싼 환해장성은 (논란이 있기는 하지만) 비단 적만 막은 것이 아니라 갯바람과 파도, 모래를 막았다. 환해장성을 거쳐 마을로 들어온 바람은 숨을 죽인다. 이를 더 부드럽게 얼러 집 안으로 맞아들이는 일은 올레가 맡았다. 골목으로 들어오는 사람만 인기척이 필요했던 게 아니다. 바람도 마찬가지였다. 이 길은 지금 여행객들이 무시로 다니는 길이 되었다. 제주 속살이 남아날까 걱정이다. 제주 여행 바람을 타고 들어온 외지 자본이 국적을 알 수 없는 건물을 지어 바람을 막을지도.

서남 다도해에서 피하고 싶은 바람은 하늬바람이다. 서해에 자리한 섬사람들의 살림살이에 가장 큰 불편함을 안겨주는 바람이다. 서남해의 우실을 조성하는 것은 이 바람을 막기 위해서다. 북서쪽에서 불어오는 차가운 계절풍이다. 이 바람이 불어오는 언덕이나 능선에 나무를 심었다. 육지에서는 나무가 땔감이자 목재를 얻기 위한 것이지만, 섬에서는 그 목적보다는 바람을 막는 기능이 더 컸다. 배를 정박하거나 여객선이 닿는 곳도 하늬바람이 닿지 않는 곳으로 바뀌기도 한다. 육지로 말하면 버스 정류장이나 주차장이 계절이 따라 바뀌는 것이다.

숲을 조성하는 대신에 돌을 쌓아 우실을 만들어 바람과 모래를 막은 곳도 있다. 신안과 진도 일대가 대표적이다. 이런 곳을 '우실'이라 한다. 우실은 본래 '울실'에서 비롯된 말로, '울'은 둘레를 에워싸 지킨다는 의미이며, '실'은 마을, 곡谷(골짜기)의 고어로 집단 주거지를 뜻했다고 한다. 신안군 암태도 송곡리, 마을로 들어가는 길목에는 어른 키를 훌쩍 넘는 높은 돌담이 서 있다. 같은 섬 익금리에도 비슷한 돌담이 있다. 다만 이곳에서는 돌담만이 아니라 숲도 조성했다. 비금도 내월리 북서쪽 능선에서도 돌담을 찾아볼 수 있다. 이를 '내월 우실'이라 부른다. 하늬바람을 막는 돌담이다. '우실'은 특별한 기술이 없었던 고대에 짐승과 자연재해로부터 자신과 가족을 보호하기 위해 쌓은 것이라 추정된다. 주거 공간을 은폐하기 위한 생존 수단이었던 것이다. 지역에 따라 불리는 이름이 다양하다. 우술, 우슬 등 비슷한 이름도 있는가 하면 마을 돌담, 돌담장 등 단순한 이름으로 불리기도 하고, 당산거리, 방풍림, 방조림, 방파림, 사정터, 어부림, 노거수림 등이라 불리기도 한다.

도초도 옆에 자리 잡은 우이도라는 섬에서도 북서쪽 능선에 흡사 성처럼 서 있는 돌담을 볼 수 있다. 도서 지역의 민가 역시 밖에서 곧바로 들어오지 못하고 꺾여 들어오도록 출입문이 만들어져 있는 경우가 있다. 우실도 한쪽 담은 반원으로 만들어 마을을 둘러싸고, 맞은편 담은 기역자로 꺾어 반원에 집어넣는 형태가 있다. 이를 자웅교합형이라고도 하며, 이외에도 갈지자형으로 엇대어진 우실, 직선형 우실 등 자연 지형에 따라 다양한 형태가 있다. 반드시 돌로 만드는 것은 아니다. 흙을 이용하는 토담 우실이 있고, 기둥을 박아 만드는 목책 우실이 있고, 대나무나 갈대, 짚을 엮어 만드는 파자 우실이 있고, 경남 남해군 물건리 어부림[1)]처럼 숲을 조성해 만드는 생우실이 있다.

이런 우실은 고승이나 옥황상제 등 영험한 인물의 현몽에 따라 마을 주민들이 만든 것으로 전해진다. 자연에 대한 경외감과 순응, 환경에 적응하는 과정에서 인간은 늘 신성한 절대자의 공

1) 물고기 떼를 끌어들이기 위하여 조차가 적은 바닷가, 강가, 호숫가 등지에 나무를 심어 이룬 숲.

간을 만들고자 했다. 암태도 송곡리 우실은 1905년 마을 앞을 지나던 스님이 마을이 번창하고 우환을 막으려면 담을 쌓아야 한다고 일러주어 돌담을 길게 쌓았다고 전해진다. 돌담 사이에는 몇 그루의 팽나무가 서 있다. 나무를 심는 대신 돌을 쌓은 이유를 명확하게 설명할 수는 없지만, 돌을 쌓은 곳을 보면 대부분 마을 뒤 능선에 돌이 많아 나무가 잘 자라지 못하는 곳이 많다. 숲을 조성해 바람과 바닷물이 마을로 드는 것을 막는 곳은 완도, 여수, 남해 등에 많다.

서해에는 소나무 숲을 조성해 바람을 막고 모래를 막은 곳도 있다. 옹진군 덕적도 초등학교 앞, 바다에 접한 곳은 온통 솔숲이다. 같은 섬 서포리 솔숲은 사람들이 삼림욕을 하기 위해 찾을 정도다. 물론 바람과 모래를 막기 위해 조성한 숲이다. 옹진군 대청도 대청동이나 사탄동, 같은 군의 주문도 대빈창, 볼음도 해수욕장, 영종도 가까이에 자리 잡은 장봉도 웅암 해변에도 바람을 막고 모래를 막기 위한 숲이 조성되어 있다. 여기서 더 남쪽으로 내려오면 신안군 증도 우전리 해변, 자은도 면전리·백산리, 암태도 옆 추포도 해변, 비금도 명사십리 해변, 도초도 시목해변, 조도 신전 해변, 관매도 해변 등에도 같은 목적으로 숲이 조성되어 있다. 여기까지는 주로 소나무를 심었다.

전남 진도군 관매도 관호리 우실. 마을로 넘어오는 바람과 갯물을 막기 위해 쌓은 돌담이다.

완도에서 거제에 이르는 남해안에서는 모래보다는 파도나 갯물을 막기 위한 방풍림을 많이 조성했다. 특히 태풍 길목에 위치한 섬들은 여름부터 가을까지 이어지는 태풍에 대비해야 했다. 남해안은 서해안처럼 모래해안이 발달하지 않았고, 갯벌도 거의 없다. 다만 몽돌(모나지 않고 둥근 돌)이 많이 깔려 있는 몽돌밭이 발달한 것이 특징이다. 소나무도 보이기는 하지만, 활엽상록수나 낙엽수 등을 많이 심었다. 완도군 보길도 예송리, 소안도 맹선리, 청산도 지리(솔숲), 신지도 명사십리(솔숲), 금일도 명사십리나 월송리 해변, 고흥군 거금도 익금 해변, 외나로도 염포 해변, 여수시 금오도 직포 해변, 진도군 하조도 신전 해변, 남해군 상주 해변·월포 해변·두곡 해변, 물건리 어부림 등이 유명하다. 거제에서 부산으로 이어지는 해안은 남해안이나 서해안에 비해 방풍림이 발달하지 않았다. 계절풍의 영향을 적게 받고 태풍 길목에서 비교적 벗어나 있기 때문이다.

우실처럼 바람을 다스리는 기능을 하는 것이 제주 올레다. 우실이 마을로 들어오는 바람을 막았다면 올레는 집 안으로 들어오는 바람을 맞았다. 올레가 집의 경계라면, 우실은 마을의 경계다. 바람은 우환이었다. 때로는 막고 때로는 맞았다. 바람을 맞고 막는 공간이 우리 집이고 우리 마을이었다. 올레는 제주의 자연환경과 어우러진 독특한 주거문화다. 큰길에서 집까지 이르는 골목을 올레라 하는데(제주 여행객에게 인기가 높은 '올레길'은 여기서 이름을 따온 것이다), 폭은 2~3미터에 높이는 어른 키보다 약간 높다(길이는 당연히 마을마다 다르다). 올레 바닥에는 평평한 돌을 놓아(이를 '잇돌' 내지 '다리팡돌'이라 한다) 비가 올 때 젖은 흙 대신 밟고 다닐 수 있게 했고, 올레를 따라 쌓은 돌담은 거친 바람의 숨을 죽이고 집을 보호하는 역할을 했다. 바람을 올레로 들여 길고 굽은 돌담을 돌게 함으로써 순풍으로 만드는 것이다. 찬바람은 덥히고, 더운 바람은 식혀서 사람과 우영팟(제주 말로 집 주위에 있는 작은 텃밭을 가리킨다)의 채소에게 도움을 주었다. 담은 제주에 많은 현무암으로 쌓곤 했다. 부드럽게 이어지던 곡선은 집 대문 앞에 이르러 굽이진다. 이를 '올레목'이라 한다. 사적인 공간으로 들어서는 진입로이기도 하다. 이어 제주도 대문 격인 '정낭'[2)] 이 설치되어 있다.

사람도 살리고 물고기도 살리는 숲, 어부림

이렇듯 바람을 막는 방풍림이 어부림 역할을 하는 곳도 있다. 물고기를 부르는 숲이다. 물건리 어부림을 비롯해 앵강만 신전숲, 상주리 곰솔숲, 미조리 숲이 있는 남해군과 정도리 방풍숲, 소안도 미라리 숲이 있는 완도군이 대표적인데, 모두 방조림 및 어부림 기능을 한다. 대부분 남해안에 위치한 마을 숲이다. 먹이도 아닌 숲이 물고기를 끌어들인다는 게 잘 이해되지 않을 수 있지만, 바닷물고기들은 그늘을 좋아한다. 사람만이 아니라 물

2) 집 입구 양쪽에 돌 혹은 나무를 세우고, 거기에 다시 나무를 가로로 걸쳐놓은 것이다. 걸쳐놓은 나무 개수로 집에 사람이 있고 없음을 나타냈다. 또한 소나 말의 출입을 방지하기 위한 목적도 있었다.

경남 남해군 삼동면 물건리 어부림.

고기들도 (열대 표층어류를 제외하고는) 한여름 강한 빛을 피해 그늘을 찾아든다. 더구나 서해에 비해 조차가 크지 않은 바닷가에 숲이 만든 그늘은 영양염류의 공급원이기도 하다. 바다 숲은 그늘을 만들고 바람을 막고 수온이나 민물이 일정하게 유입되도록(물이 유입되면서 영양염류도 함께 공급된다) 조절한다. 이 영양염류는 바닷물에 포함된 규소, 인, 질소 등을 총칭하는 것으로, 바닷물이나 식물플랑크톤의 몸체를 구성하고 증식하는 역할을 한다. 요컨대 해양생태계의 일차생산자인 셈이다. 더불어 섬 주변에 만들어지는 갯벌을 비롯한 연안습지는 최적의 산란 장소이자 어린 물고기가 자라기 좋은 곳이다. 바닷물고기가 봄이면 산란을 위해 북상하는 것은 수온 때문이기도 하지만, 섬 많고 숲 많은 곳을 찾기 때문이기도 하다.

봄에 바닷물고기가 북상하는 반면, 사람들은 만발한 벚꽃을 보기 위해 남하한다. 이왕 남쪽까지 온 것, 물건리도 들러보면 어떨까. 천연기념물 제150호로 지정되기도 한 물건리 어부림에 가면 이팝나무에서부터 팽나무, 느티나무, 후박나무, 푸조나무, 상수리나무, 말채나무, 참느릅나무, 무환자나무 등 다양한 고목들이 해안을 따라 서 있는 광경을 볼 수 있다. 큰 나무 아래로는 때죽나무, 구지뽕나무, 모감주나무, 생강나무, 쥐똥나무, 누리장나무, 예덕나무 등이 자란다. 바닥에는 송악, 마삭줄, 댕댕이덩굴, 청미래, 복분자 등 덩굴식물류가 있다. 길이는 1.5킬로미터, 폭은 30미터에 달해 그야말로 거대한 숲이다.

임진왜란 이후 이곳에 처음 정착해 마을을 이룬 이씨가 370년 전에 조성한 숲이라 한다. 그런데 고목 중에는 500년이 넘는 것도 있다 하니 인공적으로 조성하기 전에 이미 숲이 있었고, 마을이 형성됨에 따라 추가 식재해 오늘날에 이른 것으로 보인다. 오래된 바닷가 마을에 가면 방풍림을 곧잘 찾아볼 수 있지만 규모

물건리는 경상남도 남해군 삼동면에 자리하며, 물건마을·은점마을·대지포·독일마을로 이루어져 있다. 이 중 물건마을이 가장 큰 자연마을이다. 마을 앞은 남해바다가 펼쳐져 있고 주위로는 산자락이 병풍처럼 둘러싸고 있다. 물건마을은 다시 큰마을, 윗마을, 고랑마을, 양지마을로 나뉜다.

한때 물건마을은 430호에 이를 만큼 큰 마을이었지만, 지금은 250여 호에 500여 명이 살고 있다. 남해대교가 세워지기 전까지 남해 사람들은 물건마을을 거쳐 삼천포나 통영을 오갔다.

이곳 어부림은 사시사철 다른 모습으로 변신한다. 봄에는 하얗게 핀 이팝나무가, 여름에는 우거진 녹음과 대비되는 바다가 아름답다. 가을에는 멋지게 물든 활엽 단풍을 볼 수 있고, 겨울에는 고즈넉한 겨울 숲과 몽돌에 부딪히는 파도 소리를 만끽할 수 있다.

주변에 볼 만한 곳으로는 독일마을과 원예예술촌, 해오름예술촌, 지족어촌체험마을 등이 있다. 독일마을은 1960년대 가족부양을 위해 독일로 갔던 간호사와 광부들의 정착생활 지원을 위해 남해군이 조성한 전통 독일식 주택 단지다. 40여 동이 완공되어 독일 이주민들이 생활하고 있으며, 일부는 관광객을 위한 민박으로 운영하고 있다. 남해파독전시관도 운영 중이다.

남해 물건리 어부림을 바다 쪽에서 본 풍경이다.

나 기능에서 물건리 어부림을 능가하는 곳은 없다. 태풍을 막고 바닷물이 마을에 밀어닥치는 것을 막아 사람도 살리고 물고기도 살리는 숲이라 하여 '방조어부림'이라고도 한다. 실제로 어느 해인가 큰 태풍이 닥쳤을 때 인근 마을은 큰 피해를 입은 반면 물건리는 아무런 피해를 입지 않았단다. 방파제가 존재하기는 하지만, 주민들은 어부림이 마을을 지켜주었다고 믿는다.

그렇지만 바람을 맞는 방식은 점차 바뀌고 있다. 폭우가 내리면 빽빽한 숲을 이룬 곳에서도 산사태가 일어나듯, 어부림만으로 역부족일 때가 있다. 태풍이 들이닥치고 파고가 높아지면 종종 논밭이 잠기는 등 마을이 침수 피해를 입었다. 나무를 심는 대신 방파제를 만들기 시작했다. 하지만 방파제는 태풍 피해를 어느 정도 막아주는 동시에, 갯가로 들어오는 어류도 막아버렸다.

어부림은 마을 신이 되고

조류는 두물이나 세물부터 살아나기 시작한다. 이때를 어민들은 '산짐'이라 한다. 조금에 뭍이나 섬의 포구에 배를 정박해두고 휴식을 취하던 어부들은 슬슬 식구미를 준비하고 터진 곳을 기워놓은 그물을 배에 올린다. 옛 뱃사람들은 산짐에 출어고사를 지내고 바다로 나갔다. 출어고사는 정월에 처음으로 출어

할 때 팥 시루떡, 밥, 술, 나물 등 음식을 갖추어놓고 지내는 제사지만, 물때에 맞춰 들어왔다 식구미를 챙겨 나갈 때는 간단하게 흰밥에 나물, 술을 올리고 지내기도 한다. 이때 나가면 조류가 약해지기 시작하는 '객기'(지역에 따라 '꺽기'라고도 한다)에 들어온다. 정월에 지내는 풍어제도 물이 살아나는 밀물에 지냈다. 물 들어오듯 복 들어오라는 의식이다. 당제는 정월에 지내지만 풍어제는 당제와 함께 이어서 지내기도 하지만 8월 보름에 지내거나 물건리처럼 10월에 지내기도 한다.

물건리에서는 해마다 섣달이면 동제를, 10월이면 풍어제를 위한 제사상을 마을 숲에 마련한다. 마을 제의를 준비할 때면 먼저 마을 회의를 열어 제관을 뽑고 12개 반이 돌아가면서 맡는다. 매년 동제와 풍어제를 지내다 보니 6년에 한 번씩 준비하게 된다. 제물은 돼지머리, 팥시루떡, 삼색나물, 탕, 조기, 생선전, 꼬치, 밤, 대추, 곶감 등으로, 이장 부부나 제관이 준비한다. 제일 이전 보름 동안은 금기를 지키며 생활한다. 부부관계를 갖지 않아야 하고, 상가喪家 출입을 금해야 하며, 제관의 집 심지어 마을 내 다른 집에서 산고가 있으면 마을 밖 외진 곳에 출산 장소를 마련하기도 했다. 농촌에도 이러한 금기사항이 있었지만 어촌에서는 더 엄격하게, 최근까지도 이어졌다.

진설 준비는 보통 제주, 집사, 축관 등 세 명을 뽑아 유교식으로 삼헌례를 했다. 제의가 시작되면 제관은 각 당산에 제를 지내고 메(밥)와 음식을 묻는다. 이렇게 음식을 묻는 것이 밥무덤이다. 당산은 열두 당산부터 상당과 하당 등 2개의 당산까지 마을에 따라 다르다.

물건마을에서는 할배당산, 할매당산, 동천고개 밥무덤, 은점고개 밥무덤 등에서 마을 제의를 올렸다. 이곳에 황토를 놓고 금줄을 친 다음 제를 지낸다. 어부림 중앙의 느티나무를 할배당산으로 모시며 그 옆에 작은 밥무덤도 있다. 밥구덕, 밥꾸디, 밥돌이라고도 하는 밥무덤은 경남 지역에서 많이 볼 수 있는 신체神體다. 제사상에 진설된 밥을 한지에 싸서 묻는 것이다. 요컨대 밥무덤은 동제를 지낸 후 헌식하는 것과 같은 절차다. 최근에는 이런 마을 의례를 격식에 맞춰 준비하고 지낼 여력이 없어 밥무덤을 신체로 모시고 매년 정월, 밥만 지어 묻는 것으로 동제(당제와 같은 의미로 사용하기도 하고 여러 제의를 포괄해 동제라 하기도 한다)를 대신하는 경우가 많다. 물건리에서는 밥무덤을 만들지 않고 할매당산 밑에 땅을 파 밥을 묻은 다음 황토로 덮고 돌을 올려놓는 정도로 마무리한다. 비록 옛날처럼 성대하지는 않지만, 명맥이 끊이지 않은 채 지금까지 이어지고 있다. 어촌의 고령화가

비석 뒤로 보이는 당산나무 오른쪽 돌 밑에 밥이 묻혀 있다. 이를 밥무덤이라 한다.

급격하게 진행되면서 공동체 전통이 사라질 위기에 처해 있다. 다행히도 물건리 당제는 지자체 지원을 받아 지속되고 있다. 어부림으로 들어가는 입구의 할매당산은 여전히 금줄이 걸렸고, 새로 묻은 밥무덤도 있다. 그해 당제를 지낸 흔적이다. 산 위에 있는 할배당산은 숲이 우거져 가기도 어렵고 갈 사람도 가지 못하지만 어부림 안에 있는 할매당산에서는 거르지 않고 있다.

물건리 어부림처럼 당숲 역할을 하면서 방조 역할을 겸하는 곳이 있다. 이런 곳에서는 숲을 해치는 어떤 행위도 허락지 않는다. 태풍에 휩쓸렸든 오래되어 부러졌든, 땅에 떨어진 나뭇가지 하나를 주워가는 것도 금했고, 물론 나뭇가지를 꺾는 일도 금했다. 나무를 땔감으로 쓰던 시절에도 금기는 철저하게 지켜졌다. 지금은 어부림 사이로 산책로가 나 있지만, 옛날에는 어림도 없는 일이었다. 금기를 어겼다가 큰 벌을 받은 이야기가 입에서 입으로 전해져 마을 설화가 되었다.

바람을 피하는 배, 피항

섬 위에서야 숲을 통해 바람이 들이치고 바닷물이 들이치는 걸 막을 수 있었다지만, 바다 위에서는 어땠을까. 어민들에게 배는 가장 중요한 자산이다. 바람이 불면 배를 올리는 일부터 했다. 바람과 파도를 막아주는 방파제나 그 역할을 할 섬이 주변에 없는 절해고도 만재도, 가거도, 가파도, 마라도에서 그랬다. 지금처럼 크레인이 없었던 시대에 힘깨나 쓰는 주민들이 모여 배 밑에 나무판을 괴고 끌어올렸다. 만재도에서는 바람이 불면 주민들이 '건난데짝지'에 모여 배를 뭍으로 올렸다. 건난데짝지는 마을 앞 몽돌해변 너머 바닷가 이름이다. '짝지'는 몽돌이 많은 바닷가를 가리키는데, 여기에 '건난데'(건너편이라는 뜻이지 않을까 싶다)가 붙어 만들어진 지명이다. 바람을 피해 배를 뭍으로 올리는 방법이 독특하다. 배 좌현과 우현에 사람들이 나란히 누워 발로 배 난간을 들어 올려서 배를 옮겼다. 이를 위해 아예 배를 지을 때부터 난간을 만들고 밑에 괸 나무가 잘 구르도록 '덧밑'을 대었다. '덧밑'은 좌측·우측의 바닥이 만나는 꼭짓점에 덧댄다. 뭍으로 올릴 때에는 통나무를 아래에 놓아 굴리기 쉽게 하는 동시에 배 밑바닥이 상하지 않게 했다. 이렇게 뭍으로 올려 바람과 파도로부터 배를 지켰다.

이런 방법을 쓸 수 없는 곳에서는 방파제가 있는 큰 섬으로 배를 피신시킨다. 물론 배를 모는 어부도 태풍이 지나갈 때까지 배와 함께 섬에 머무른다. 작은 섬에는 바람과 파도를 피할 만한 방파제 시설이 갖춰져 있지 않은 경우가 많다. 때문에 정부는 태풍 등 재난이 발생했을 때 피할 수 있는 국가어항을 만들었다. 유사시 어선이 대피하기도 하지만 어선을 정박하고 어획물을 운반하고 새롭게 출어를 준비하기도 한다. 어항은 어업활동을 지원하며, 수산물을 유통하고, 어촌 주민의 생활 기반이자, 도시민들의 휴식 공간으로서 역할을 한다.

몇 년 전이다. 홍도에 들렀다. 태풍을 만났다. 홍도에는 주민들이 이용하는 배, 유람선 등 꽤 많은 배가 있었다. 섬 주민들은 마지막 배를 타고 모두 흑산도로 나갔다. 잠시 후 남자들이 하나둘 나오더니 자신의 배를 가지고 역시 흑산도로 출발하기 시작했다. 그때 나는 발전소에서 근무하던 이영일 씨와 지인과 함께 점심을 먹고 있었는데, 그가 나를 쳐다보더니 웃으면서 "김박사님, 오늘 저녁에 여자 조심해야겠소"라고 말하는 것이다. 처음에는 그 말이 무슨 뜻인지 몰랐다.

저녁에 숙박지를 정하고 태풍전야의 섬마을 정취를 즐기려고 골목을 기웃거리는데, 점심때 이씨가 했던 말이 떠올랐다. 아니나 다를까, 가게는 물론 사랑방 역할을 하는 집마다 여자들 웃음소리가 새어나왔다. 남자들은 모두 흑산도로 떠났고, 여자들만 남은 것이다. 물론 남자들도 자연이 준 휴식시간을 흑산도에서 술 한잔하면서 만끽하고 있을 것이다. 이렇게 태풍이 한번 들이닥치면 흑산도처럼 먼 섬은 사흘 혹은 전후 사흘 해서 일주일 동안 발이 묶이기도 한다. 홍도는 그보다 더 상황이 열악하다. 큰 항구가 없으니 대피항이 있는 섬으로 피항避航을 한다. 이를 위해 마련된 항구가 앞서 말한 국가어항이다. 비단 태풍만이 아니라 긴급 상황이 발생했을 때에도 이용할 수 있다.

증기선이 등장하기 전, 배에 돛을 달고 노를 저어 섬과 섬 사이, 섬과 뭍 사이를 오가던 때에는 바람을 잘 타는 배를 만드는 '배무이'가 대접을 받았다. 오늘날로 치면 최고 엔지니어였다.

물론 배만 좋다고 순항하는 것은 아니다. 바람을 읽을 줄 아는 사공이 있어야 한다. 배에 들이치는 바람을 거스를 도리가 없으니, 아무리 경험 많은 사공이라도 바람을 읽고 피해야 한다. 별을 보고, 새가 나는 것을 보고, 해가 뜨는 것을 보고서 날씨와 바람을 읽었다. 심지어 동굴(해식동)로 들어온 바닷물이 부딪혀 내는 소리를 듣고 날씨와 파도를 가늠하기도 했다. 바다 위에서 며칠씩 순풍을 기다리기도 했다. 제주를 오갈 때면 완도 소안도나 제주 추자도에서 바람을 피하고, 다른 바람을 기다린다. 이런 곳을 '후풍처'라 한다. 제주로 유배 가는 죄인이든, 제주로 부임하는 목사든, 상인들이든 예외 없이 바람을 기다렸다. 이들이 섬에 머무는 시간이 길어지면 폐해는 고스란히 섬사람들에게 돌아갔다. 의식주 모든 것을 섬사람들이 제공해야 했기 때문이다. 특히 제주로 가는 관리들은 수많은 식솔이 동행하니, 그 고충이 말할 수 없이 컸다. 소안도에는 제주목사불망비가 세워져 있다. 섬 주민들이 베푼 친절에 감사해 비를 세웠다면 몰라도, 수십 명을 이끌고 섬에 머물면서 무슨 좋은 일을 했는지 알 길이 없다. 섬 주민들이 관리들의 등쌀에 견디다 못해 조정에 탄원을 올리기도 했다는데, 그 제주 목사를 잊지 못해 세웠다는 불망비에 고개가 갸우뚱해진다.

물길을 따라가다

03

송이도에서 만난 한 주민은 젊었을 때 칠산 바다에서 낚시로 조기를 많이 잡았다고 말했다. 외지에서 조기를 잡기 위해 수백 척의 안강망 배와 유자망 배가 들어왔지만, 그물로 잡는 것보다 외줄낚시로 잡는 조기가 더 많았다. 특별히 그물보다 낚시로 잡는 게 더 효과적이었던 건 아니다. 단지 그가 조기가 다니는 물길을 잘 알았기 때문이다. 사람들이 운전을 할 때 적절한 길을 따라가듯, 바닷물고기에게도 다니는 길이 있다. 목적지에 빨리 가기 위한 길, 가다 쉬어가기 좋은 길, 경치 좋은 길, 맛있는 식당이 있는 길 등 갖가지 이유로 자신이 원하는 길을 선택하듯,

1960년대 전남 신안군 흑산도 예리 조기 파시.(제공 신안군청)

바닷물고기도 자신이 가는 길을 선택한다. 그들이 다니는 길이 있고, 어부들은 그 길을 찾는다. 어군탐지기를 이용하기 전에는 그렇게 물고기를 잡았다. 그 물길이 가장 원시적인 뱃길이었다. 지금은 사라져버린 명태(동해)와 조기(서해)를 따라 물길 여행을 해보자.

철쭉꽃이 피면 조기가 온다

제철음식을 찾는 이들이 많다. 하지만 제철음식은 줄어들고 있다. 사철 내내 즐기는 음식으로 바뀌었다. 대표적인 여름 과일이었던 수박은 이제 여름만이 아니라 겨울에도 먹을 수 있다. 비단 재배 기술이 발달한 것만이 아니라 보관 기술이 발달한 덕분이다. 그렇다면 물고기는 어떨까. 양식 기술이 발달하고, 급속 냉동 기술이 부패를 막아주었지만, 여전히 물고기는 제철에 찾지 않으면 제맛을 느끼기 어렵다. 그중에서도 대표적인 것이 회유어다.

산란을 위해, 먹을 것을 찾기 위해, 월동을 위해 무리지어 이동하는 물고기를 가리켜 회유어라 한다. 조기, 명태, 청어, 꽁치, 작은 멸치 등이 회유어에 속한다. 이들 어류는 산란 장소나 월동 장소로 먹이를 찾아 이동하는 것으로 '색이회어索餌鮰魚'라고도 한다. 겨울을 나기 위해 머물기 알맞은 곳으로 이동하는 것을 '월동회유'라고 한다. 우리나라 연안은 수심이 깊지 않고 계절풍의 영향으로 수온 차이가 심해 변온동물인 물고기로서는 겨울을 나기가 어렵다. 이들은 겨울을 나기 위해 수심이 깊어 수온 변화가 적은 곳으로 이동한다. 반대로 차가운 물에 사는 어류 중에는 북쪽의 겨울에 너무 추워 남쪽으로 내려갔다가 봄이 되면 다시 북쪽으로 올라오는 물고기도 있다. 이러한 이동은 어느 한 가지 요인에 의해 이루어지기보다는 산란, 색이(먹이를 찾아다니는 것), 월동 등 복합적인 요인에 의해 이루어진다.

우선 조기가 오가는 물길을 생각해보자. 조기는 무리지어 이동한다. 겨울에는 제주 남쪽 동중국 해상까지 내려갔다가 2월에 북상하기 시작해 서해안 북쪽, 중국의 주산군도까지 올라간다. 《자산어보》에는 이런 조기의 이동 경로가 잘 소개되어 있다.

흥양興陽(고흥) 바깥 섬에서는 춘분 후에 그물로 잡고, 칠산七山 바다에서는 한식[3] 후에 그물로 잡으며, 해주海州 앞바다에서는 소만小滿[4] 후에 그물로 잡는다. 흑산 바다에서는 음력 6~7월에 비로소 밤 낚시에 물리어 올라온다. 물이 맑기 때문에 낮에는 낚시 밥을 물지 않는다. 이때의 조기 맛은 산란 후인지라 봄보다 못하며, 굴비로 만들어도 오래가지 못한다. 가을이 되면 조금 나아진다.

손암 정약전이 쓴 《자산어보》 초고를 현장에서 확인하고 문헌자료를 검토한 다산 정약용의 제자 이청이 《자산어보》에 '청안'이라는 주석으로 보완한 내용에는 "이 물고기(조기)는 때를

3) 동지에서 105일째 되는 날을 말한다.
4) 24절기 중 여덟 번째 절기를 가리킨다. 햇볕이 풍부하고 만물이 점차 생장하여 가득 찬다는 의미가 있다.

따라 물을 쫓아오기 때문에 추수라 이름을 붙인 것이다. 지금 사람들이 그물로 잡을 때 다가오는 추수어 떼를 만나면 물고기가 산처럼 많아 배에 다 싣지 못한다. 해주와 흥양에서 시기를 달리 해서 그물로 잡는 이유는 추수어가 때를 따라 물을 쫓기 때문이다"라고 했다.[5]

해주와 흥양(고흥)에서 그물로 잡는 시기가 각기 다르다. 때에 따라 조기가 다른 물길을 따라 흘러오기 때문이다. 근대에 들어서면서 조기잡이에 안강망을 사용하기 시작했지만, 조선시대에는 어살을 이용했다.[6] 어살은 앞서 언급한 것처럼 조선시대에 조기가 오가는 길목을 막아 가두어 잡았던 서해안의 대표적인 어법이다.

칠산 바다 가운데 있는 송이도라는 섬에서 조기를 잡았던 한 노인은 철쭉이 필 무렵 참조기 떼가 몰려오면 바다에서 개구리 울음소리가 들린다고 했다. 대통을 넣어 소리를 듣고 길목에 그물을 치면 조기가 그물에 하얗게 들어 그물이 둥둥 떴다고 했다. 외지 사람들이 아무리 큰 배를 가지고 와도 바닷속을 훤히 들여다보는 섬 주민들을 당해내지 못했다고 한다.

5) 정약전·이청 지음, 정명현 옮김,《자산어보》, 서해문집, 2016, 42쪽.
6) 지역문화연구소,《전통어로방식》, 문화재청, 2018, 26~36쪽.

이른 봄 흑산도 열도에서부터 시작되는 조기 어업은 점차 북상해 5월 중순쯤이면 연평도 인근 어장, 6월 하순쯤에는 통영 한산면 용호도 방면에 이르러 끝난다. 파시 상인들도 조기 어장이 이동함에 따라 남쪽에서 북쪽으로 이동한다. 흑산 어장은 3~4월의 조기 파시 외에도 고등어 파시(6~10월), 고래 파시(2~5월)가 이어질 정도로 어종이 다양했다. 예리항을 중심으로 선주, 선원, 외래 상인들로 형성된 파시촌은 어기가 끝나면 조기 회유로를 따라 법성포 목냉기, 위도 치도리, 외연열도의 녹도, 연평도, 북쪽 대화도 등으로 옮겨 갔다.

이렇게 파시가 형성될 수 있었던 것은 지형과 어법, 어종의 특징과 관련이 있다. 우선 고기잡이배는 목선에 돛을 달고 노를 저어 오가는 배로, 지금처럼 빠르지 않았다. 또 배 안에 생선을 냉동 보관할 수 있는 시설도 갖추지 못했다. 더욱이 조기잡이 어장이 형성된 곳은 육지의 시장과 멀리 떨어져 있었다. 보관할 기술이 없으니 잡은 즉시 운반하거나 팔아야 했다. 게다가 조기처럼 이동성이 강한 물고기가 으레 그렇듯이 어군을 이루어 회유하는 경우, 어획 시기를 놓치면 언제 다시 기회가 올지 알 수 없기 때문에 잡은 물고기를 팔기 위해 자리를 뜨는 것은 어리석은 일이었다. 그리하여 잡은 고기를 시장이 형성된 큰 포구로

영광군 위도 어장(현 부안군 위도면 치도리).

부안군 위도면 치도리 안강망 어선.
(출처: 전남사진지, 1917)

운반하는 배, '운반선'이 등장했다. 운반선은 자금력 있는 객주들이 운영하는 경우가 많았다. 어기가 되어 조업 비용이 필요한 선주에게 선이자를 제하고 자금을 준 후, 선주가 잡은 물고기를 운반선으로 확보하는 것이다. 물론 선상에서 고기잡이배가 만선 깃발을 꽂으면 상인들이 배를 가지고 와 사 가기도 했다. 이런 모습이 본래 '파시'였다. 일제강점기 이후 파시 규모가 커지면서 선원들에게 식량, 식수, 땔감 등 부식을 공급하고, 그물이나 배를 수리하고, 연료를 공급할 수 있는 기반시설이 어장 인근 섬에 마련되기 시작했다. 이를 따라 선구점(배에서 쓰는 노, 닻, 키 따위의 기구를 파는 가게)에서부터 목욕탕, 이발소, 식당, 술집, 심지어는 이동파출소까지 등장한다. 일제강점기에 '이동 촌락'이라 불렸던 '파시촌'이 형성된 것이다. 전남 흑산도 예리마을, 비금도 송치마을, 임자도 육타리, 법성포 목냉기, 전북 위도 치도리, 충남 녹도 등에 조기, 부서, 고등어, 전갱이, 새우, 꽃게 등 다양한 어종이 물길을 따라 모여드는 어기에 파시가 형성됐다.

오징어 배가 흑산도로 온 이유

흑산도에서 오징어를 잡는다니 어딘가 어색하다. 바다는 변하고 있는데 우리는 그 변화에 둔감하다. 흑산도는 여전히 홍어를 잡는 곳이라는 이미지가 굳게 박여 있고, 오징어는 동해 주문진 이나 속초에서 잡는다고 생각한다. 그런데 흑산도 예리항에 홍어잡이 배 대신 수십 개의 등을 단 오징어잡이 배가 즐비하다. 흑산도 일대 바다가 고수온대로 형성되면서 오징어가 모여들고 있기 때문이다. 홍어 주산지가 이제는 오징어 주산지가 된 것이다. 언론에 발표된 바에 따르면,[7] 2015년 흑산도에서 위판된 오징어는 2015년 25만 7,000상자, 2016년 15만 상자, 2017년 20만 5,000상자를 기록했다. 금액으로는 37억, 137억, 67억 원을 기록했다. 전문가들은 이렇듯 흑산도에서 잡히는 오징어 수가 급증한 원인으로 기후변화와 해수 온도 상승으로 인한 어족 분포 변화를 꼽는다.

사실 그동안 오징어는 함경북도 연안과 울릉도, 독도 인근에서 잡혔다. 특히 울릉도를 대표하는 것이 오징어잡이였다. 야행성인 오징어의 특성을 이용해 밤에 불을 밝혀 유인하여 잡았다. 수십 년 오징어잡이 경험과 어탐기를 이용하여 오징어가 잘 잡힐 만한 곳에 도착하면 닻을 놓는다. 일반적으로 닻은 무거운 쇠로 만들지만 오징어잡이를 할 때는 '물풍'이라 부르는 독특한

7) 〈흑산도 오징어, 대풍 맞다〉, 《전남목포신문》, 2019. 7. 18.

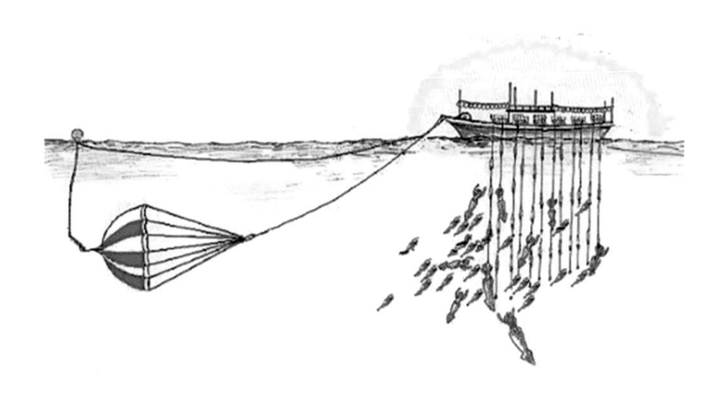

오징어 채낚기어업은 작은 어선에 의지해 손줄낚시로 조업을 하던 당일바리 어법이었지만, 어선의 규모가 커지고 자동 조획기와 선내 냉동 시설을 갖추면서 몇 개월이나 바다에서 조업하는 것이 가능해졌다.

닻을 놓는다. 물닻 혹은 씨앵커라고도 한다. 오징어만이 아니라 갈치를 잡을 때에도 사용하며, 남해 지족해협(경상남도 남해군 삼동면 지족리知足里와 창선면 지족리只族里 사이에 있는 해협)에서 개불잡이를 할 때에도 물풍을 이용한다. 배와 긴 동아줄로 연결된 낙하산처럼 생긴 보(물이 가득 담긴 대형 보자기)를 바닷속에 넣어 배를 잡아주는 동시에 조류를 따라, 오징어를 따라 이동하게 만드는 역할을 한다. 배를 멈추고 채낚기를 하는 동안 오징어잡이 배가 좌우로 흔들리는 것을 막아주고, 조류에 의해 빙빙 도는 것도 막아주며, 바람에 의해 배가 움직이는 것을 덜어준다.

'채낚기'는 낚시대에 기계를 부착하여 기계가 감지한 입질에 따라 물고기를 자동으로 낚아 올릴 수 있는 낚시를 가리킨다. 오징어 채낚시의 경우, 기계화되어 그물을 감는 '자동 조획기'가 있고, 사람이 직접 물레처럼 돌리는 '물레 낚시'가 있다. 완전히 수동인 '던지기'도 있다. 던지기 낚시는 낚싯대를 밤새 흔들어줘야 오징어가 입질을 하기 때문에 상당히 고된 작업이다. 물레나 기계를 이용하기 시작하면서 이런 수고로움은 줄어들었다. 또 지금은 대낮처럼 환히 밝히는 집어등을 쓰는 데 반해 예전에는 석유등이나 관솔[8)]로 불을 밝혀 오징어를 유인했다. 1970년대 자동 조획기가 개발되고, 대형 냉동 독항선(원양 어업에서 고기를 잡아 모선이나 기지에 넘기는 선박을 말한다)이 등장함에 따라 어획지가 울릉도를 비롯한 대화퇴 주변으로 확대되었다.

오징어는 5월부터 조업을 시작하며, 가을이 제철이다. 하지만 이것도 옛날 얘기다. 최근 김윤배 박사(한국해양과학기술원 울릉도·독도해양연구기지)가 지난 20년(1999~2018) 동안 울릉도 오징어 월별 어획량을 분석한 결과에 따르면, 어획 시기가 9월에서 10월로, 또 10월에서 11월로 늦춰지고 있다고 밝혔다.[9)] 시기를 상반

8) 송진이 많이 엉긴 소나무 가지나 옹이. 불이 잘 붙어 예전에는 여기에 불을 붙여 등불 대신 썼다.

구분	9월	10월	11월	12월	1월
상반기(1999~2008)	22.1	26.9	19.4	19.3	5.0
하반기(2009~2018)	7.1	33.4	29.7	22.3	6.9
최근5년(2014~2018)	6.9	21.4	34.1	27.6	9.4

〈표 2〉 울릉도 최근 20년 월별 오징어 어획량 분석(단위, %)

기 10년, 하반기 10년 그리고 최근 5년으로 구분하여 분석한 결과, 〈표 2〉와 같이 11월은 상반기 19.4퍼센트에서 하반기 29.7퍼센트로, 최근에는 34.1퍼센트로 증가했다. 하지만, 9월은 상반기 22.1퍼센트에서 하반기 7.1퍼센트, 최근 6.9퍼센트로 감소했다. 또한 12월과 1월도 상반기에서 최근까지 꾸준히 증가했다. 이러한 어획 시기의 변화 원인은 가을철 난류수 세력의 강화에 따라 울릉도 북쪽 먼바다에서 어장이 형성되었다가 난류세가 약화되는 11월에 이르러 울릉도 근해에서 어장이 형성되는 것이 원인이라고 추정된다. 어획량도 큰 변화를 보이고 있다. 한때는 하루에 2,000여 마리를 잡았던 오징어잡이 배들은 지금 400마리를 잡는 것도 힘든 형편이다. 흑산도에서 잡히는 오

9) 김윤배(2019), 울릉도 오징어 어획량 변동 특징 및 울릉도 오징어 산업 발전 방안, 《수산해양교육연구》 제31권 제6호, 한국수산해양교육학회.

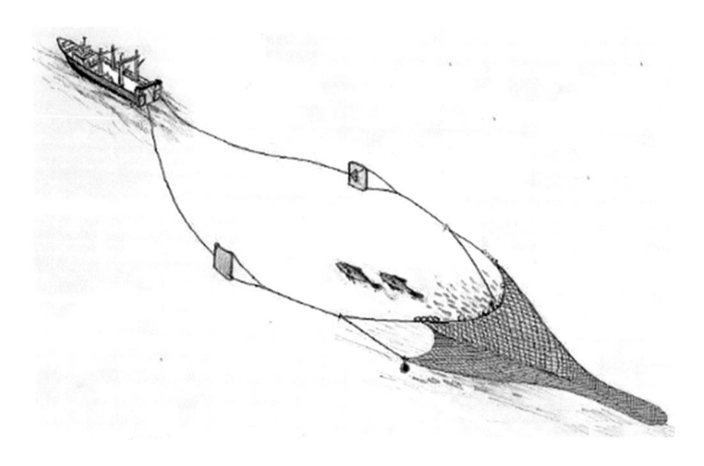

트롤어업은 해저에 드리운 그물을 끌어서 고기를 잡는 어업으로, 근해트롤어업과 대형트롤어업이 있다. 근해트롤어업은 동해·서해·남해구로 나뉘며 근해에서 조업을 한다. 대형트롤은 원양에서 하는 트롤어업이다. 2000년대 이전에는 소형 어선에서도 무허가로 트롤어업을 했다. 이 어법은 남해안의 저인망어업과 유사하지만 전개판을 부착한다는 점이 다르다.

징어가 급증하고 있음에도 오징어 값은 높아지기만 한다. 만 원에 대여섯 마리, 거기에 덤까지 얹어주던 것이 이제는 한 마리에 (비쌀 때는) 만 원까지도 올라간다. 동해안의 터줏대감이자 국민 생선이었던 오징어는 어획 장소가 바뀌었을 뿐 아니라 갈수록 어획량이 줄고 있다.

1990년 이후 2000년대 초까지 연 20만여 톤에 달했던 오징어 어획량은 2016년 12만 톤, 2017년 8만 톤, 2018년 4만

어업 중에 연안이나 근해 혹은 원양어업이라는 말이 사용된다. 바다를 육지와 거리에 따라 연안, 근해, 원양이라는 용어로 구분하는데 그 경계가 명확하지 않다. 연안어업은 소형 어선을 이용하여 수산물을 어획하거나 양식하는 어업을 말한다. 연안자망어업, 연안통발어업, 연안안강망어업 등이 여기에 해당한다. 이 외에도 마을어업이나 해조류, 패류, 어류 등 양식어업도 연안어업에 속한다. 연안어업과 구분하기 어려운 것이 근해어업이다. 해서 흔히 연근해어업이라고 부르기도 한다. 근해어업은 보통 어선의 크기가 10톤보다 크고 조업 해역은 어항으로부터 1일 이내의 거리로 연안어업과 원양어업의 중간 해역을 말한다. 기선선망어업, 기선저인망어업, 안강망어업, 유자망어업, 트롤어업, 근해통발어업 등이 여기에 해당한다. 원양어업은 근거리로부터 며칠 혹은 수십 일 걸리는 먼바다에서 하는 어업으로 참치류 어업과 트롤류 어업 등이 있다. 우리나라 원양어업은 1957년 인도양 참치 어업이 효시다. 1970년대 중반 배타적 경제수역이 선포된 후 원양어업의 어장이 많이 줄었으며, 한중일 어장 분쟁 이후 근해어업 구역도 줄어들어 조업 구역 다툼이 심해지고 남획도 커지고 있다.

6,000톤 등 계속해서 내리막길을 걷고 있다. 이는 중국 어선의 과도한 어획과 불법 공조어업, 작은 오징어('총알오징어'라 불리는데, 흔히 몸길이가 20센티미터 이하인 어린 오징어를 가리킨다) 남획 등이 원인으로 꼽힌다. 공조어업은 불빛에 모여드는 오징어의 특성을 이용해 집어등으로 오징어를 모은 다음, 트롤로 대형 자루그물을 끌어서 싹쓸이하는 어법을 말한다. 여름으로 접어드는 길목에 북한 동해에서 우리 동해로 이동하는 오징어를 중국 어선이 공조어업으로 남획하고 있다. 오징어 자원 보전에 치명적인 공조어업은 우리나라에서도 이루어지고 있다. 해양수산부에 따르면, 1996년 근해 채낚기를 통한 오징어 어획량은 9만 8,008톤에서 2014년 3만 4,974톤으로 64퍼센트 감소했지만, 동해구트롤(39척)의 오징어 어획량은 같은 기간 22톤에서 3만 5,801톤으로 무려 1,627퍼센트가 증가했다. 이 밖에 대형 트롤로 잡은 오징어 양도 2014년 7만 4,030톤에 이른다. 결국 1년에 20여만 톤의 오징어가 어획됐을 당시, 불법 어획량이 절반에 이른 셈이다.

어획량이 줄기 시작하자 해양수산부는 포획을 금지하던 크기(몸길이)를 12센티미터에서 19센티미터로, 금어기는 본래 4월 1일부터 5월 31일까지이던 것을 6월 30일까지로 연장했다.[10)]

강원도 강릉시 주문진항의 오징어 배.

더욱이 기후변화로 인한 해양환경 변동성이 커짐에 따라 산란 활동이 어려워졌고, 치어 생존율 역시 감소했다. 어쩌다 살아서 자란 작은 오징어는 채낚기가 아니라 불법 어획되어 '총알오징어'로 팔리고 있다. 작아서 먹을 게 있을까 싶지만 통찜

10) 물론 이러한 금어기는 오징어에만 해당하는 것이 아니다. 「수산자원관리법」을 개정해 생산 지원형에서 '자원 관리형' 어업 구조로 전면 개편하겠다는 '수산혁신 2030 계획'의 연장선상에 있다.

으로도, 오징엇국으로도, 물회로도 팔린다. 통영, 거제, 부산, 포항 등의 어시장에서는 오징어 철이면 한 접시에 만 원 하는 총알오징어를 쉽게 볼 수 있다.

어쨌든 이런저런 변화로 인해 많은 등을 단 100여 척의 오징어잡이 배가 흑산항으로 들어왔다. 주민들에게도 오징어잡이 배는 익숙한 풍경이 되고 있다. 이제 오징어를 잡기 위해 동해로 가는 것은 어리석은 일이다. 꽃게를 잡기 위해 서해로 가는 것도 마찬가지다. 6~7월이면 흑산 바다를 누비고 다니기 시작한 오징어잡이 배는 추석 무렵까지 오징어를 잡고 돌아간다. 여기서 잡힌 오징어는 흑산도에서 경매를 통해 팔려 나가 쾌속선을 타고 목포로 운송된 다음, 소비자에게로 향한다. 흑산도만이 아니다. 2005년 무렵부터 여름철이면 진도군 서망항에서는 오징어잡이 배로 파시가 형성되고 있다. '조도 어장은 물 반 오징어 반'이라는 농담이 오간다. 서망항에서 거래되는 오징어가 한 해에 많을 때는 100억 원어치에 이르기도 했다. 심지어 충남지역 국가어항인 신진도항에서도 여러 척의 오징어잡이 배들이 대형 수족관을 실은 트럭에 오징어를 실어주기도 한다.

수온이 달라짐에 따라 어획지가 바뀐 것은 오징어만이 아니다. 제주도 모슬포 방어는 동해 삼척이나 울진에서 잡은 것을 가져와야 한다. 있어야 할 자리에 있어야 할 어류가 나타나지 않는 것은 그들이 길을 잃은 탓이다. 길을 잃게 된 것 역시 수온 때문이다. 제주 모슬포 방어는 맛이 좋기로 유명해 모슬포에서는 겨울에 방어 축제도 열린다. 그런데 삼척에서 더 많은 방어가 잡히고 있다. 이곳에서 잡은 방어들이 제주로 옮겨 가서 팔리고 있다는 것이다. 실제로 방어 어획량을 보면 모슬포수협 방어 입찰금은 4분의 1 정도 감소했는데, 강원도 고성 일대에서는 두 배 이상 증가했다. 본래 방어는 봄부터 가을까지 동해 일대 및 남해 전역에 어장이 형성되며, 겨울이 제철이다. 이 무렵에 방어는 제주 모슬포, 마라도, 가파도 해역으로 남하해 어군을 이룬다. 가장 맛이 좋을 때다. 그런데 최근 수온이 상승함에 따라 늦가을에서 겨울로 접어드는데도 동해 수온이 과거의 제주 남쪽 수온과 비슷해 남하하지 않고 강원도 일대에서 어군을 형성한다. 방어가 좋아하는 자리돔 역시 제주에서 동해로 이동해 울릉도, 독도, 강원도 등에서 잡히고 있다. 오뉴월에 강원도에서 잡은 작은 방어는 통영 양식장에서 자라서 겨울 방어 철에 81킬로그램 이상 대방어로 변신해 전국으로 유통된다.

최근 삼척에서 방어잡이 대형 그물을 본 적도 있다. 그 크기가 서해안이나 남해안에서 본 그물과는 그야말로 차원이 다르다.

전남 목포시 근해 야간 갈치 낚시.

오징어잡이 배 중에서도 대형 냉동 시설을 갖춘 배는 오징어를 따라 남해로 내려가 조업을 하지만, 그렇지 않은 배는 오징어를 따라 이동할 수 없다. 일부 어민들은 방어잡이로 아예 어획 종을 바꾸기도 했다.

수온 변화가 물고기 이동 경로를 바꾸고 있다. 물론 이는 전 지구적인 범위에서 이루어지는 온난화 현상이기에 우리나라만의 문제는 아니다. 더욱이 물길을 잃게 하는 것은 수온만이 아닌 모양이다. 최근 바닷물 산소 농도가 감소하면 해양생물이 시력을 잃는다는 연구가 발표됐다.[11] 바닷속에 빈산소[12] 혹은 무산소층이 형성되고 있다. 해양생물 유생은 산소 농도가 떨어지면 시력의 일부 혹은 전부를 잃는다. 특히 문어나 오징어 같은 두족류, 게나 크릴 같은 갑각류가 그렇다. 어류는 시각에 의존해 먹이를 찾고 적을 피한다. 이 시력을 유지하기 위해서는 많은 산소가 필요하다. 2017년《네이처》에 실린 논문에 따르면, 지난 50년간 지구의 바닷물 산소 농도는 2퍼센트 이상 줄었고, 2100

11) 〈기후변화로 어린 오징어와 문어 눈먼다〉,《한겨레》, 2019. 5. 22.
12) 용존산소 농도가 수생생물에 피해를 입히는 단계까지 감소한 상태를 말한다.
13) Sunke Schmidtko, Lothar Stramma & Martin Visbeck, "Decline in global oceanic oxygen content during the past five decades", *Nature*, 2017.2.15.

년까지 1~7퍼센트 더 줄어들 수 있다고 한다.[13] 수온 상승으로 인해 거기에 녹아드는 산소 양이 줄어들기 때문이다. 문제는 비단 수온 상승만이 아니다. 지구 행성 자체가 점점 뜨거워지고 있다. 이러한 기온 상승은 폭염, 폭우 같은 재난을 불러오며, 생물다양성을 감소시키고, 작물 재배에 큰 영향을 미친다.

동해에 명태가 다시 나타날까

동해를 대표하는 어류는 명실공히 명태였다. 그런데 동해에서 명태가 사라졌다. 서해의 조기는 단순히 바다에 사는 농어목 바닷물고기가 아니다. 조기는 서해안 사람들에게 밥이자 먹고사는 수단이자 삶이었다. 동해안 사람들에게 명태가 그렇듯이. 조기와 명태는 어민들만이 아니라 뭍사람들에게도 너무나 익숙해 언제나 그 자리에 있을 줄 알았던 생선이다. 그러나 어느 날 신작로를 낸다고 순식간에 베인 나무들처럼, 둘 다 사라져버렸다. 그리고 그 명태를 동해로 다시 불러들이겠다고 얼마나 많은 시간과 비용을 쏟아 부었던가.

우여곡절 끝에 살아 있는 명태를 구해 산란시키고, 이를 부화시켜 종자를 얻었다. 그리고 다시 치어를 키워 산란시키고, 부화시켰다. 이렇게 명태의 완전 양식은 성공했다. 지난 몇 년간 명태

양식 프로젝트를 국가사업으로 추진한 결과였다. 정부가 밝힌 사업 계획은 이랬다. 어민들이 명태를 대량으로 양식할 수 있게 하고, 다른 한편으로 치어를 방류해 명태 자원을 회복하는 것.

《현대해양》에 보도된 바에 따르면,[14] 명태 양식을 시도한 세 곳 가운데 마지막 양식업체가 치어를 은대구 먹이로 주면서 포기했다고 한다. 사업성도 경제성도 없는 것이 이유였다. 양식 투자 비용은 늘어가는데, 국내산 명태를 소비할 시장은 없다. 이 모든 것을 개인이 해결해야 하는 것이 문제였다. 대형 가두리 양식으로 명태를 키워보겠다는 어민도 있었지만, 허가를 받을 수 없었다. 명태 자원 회복은 국가 프로젝트였지만, 여기에 참여하는 양식업체나 기업 등은 모든 민원이나 허가사항을 홀로 감당해야 했다. 치어 방류도 쉽지 않았다. 어렵사리 산란 및 부화 과정을 거친 치어를 방류하는 데에도 품종 허가를 받아야 했고, 방류사업 자체도 지자체만이 추진할 수 있었다.

무엇보다 양식에 성공한다 해도 서식지가 복원되지 않으면 명태가 자생하기 어렵다. 서식지 복원에 가장 큰 영향을 미치는 것이 수온이다. 물고기는 변온동물이기에 더더욱 그렇다. 물

14) 〈무너진 명태 양식의 꿈〉, 《현대해양》, 2019. 6. 11.

강원도 인제군 북면 용대리 황태덕장

론 바다만이 아니라 다른 자연환경을 복원하는 데에도 많은 어려움이 있지만, 수온은 인위적으로 조절하기 어렵다. 그렇다고 광어처럼 인공 양식으로 명태 수요를 충족시킬 수도 없다. 이미 명태는 러시아산으로 대체되어 자리 잡았기 때문에, 국내에서 양식한 명태는 그만한 가격 경쟁력을 확보할 수 없다.

명태가 사라진 이유에는 남획도 있다. 「수산자원보호령」 제10조 1항에 있던 '길이 27센티미터 명태새끼 잡이 금지' 조치는 1970년에 사라졌다. 예전에는 27센티미터 이하의 어린 명태(노가리)를 잡지 못하게 했지만, 1970년 「수산자원보호령」 개정으로 노가리 어획이 허용됨에 따라 명태 어획량이 급증했다. 당시 《중앙일보》(1970. 11. 23)는 "수산당국이 보호령을 만든 지 7년 만에 해제한 것은 노가리잡이가 이미 공공연히 행해지고 있어 차라리 노가리잡이를 양성화해서 어획량이나 늘려보자는 계산이었다"고 보도했다. 당시 수산 정책은 '어린 고기 키워 잡자'는 슬로건을 내걸고 어민들을 계몽하던 시기였다. 이는 어린 명태만이 아니라 다른 어종에까지 영향을 미쳤다. 노가리를 잡기 위해 저인망으로 바닥을 훑어 그물질을 하다 보니 다른 치어들까지도 멸종 위기에 처한 것이다.

1981년까지 동해에서 잡힌 명태 140만 톤 가운데 노가리는 95만 톤으로, 68퍼센트를 차지한다. 그물에 걸린 명태가 열에 일곱은 어린 새끼였던 것이다. 수명이 길게는 20년이나 되는 명태를 고작 태어난 지 2~3년 된 새끼 때 잡았다. 해양수산부가 2017년 국정감사에 제출한 자료에 따르면, 명태 어획량은 1990년 1만 2,079톤에서 2000년 162톤, 2006년 60톤, 2007년 35톤으로 점점 내리막길을 걷다가 2008년에는 0톤을 기록했다. 이후 2009년부터 2013년까지 공식적인 기록은 1톤이다. 2014

년에는 2톤, 2015년에는 3톤, 2016년에는 6톤이 어획됐다. 2011년 이후에는 전부 강원도에서 잡힌 것이다. 정부가 '명태 살리기 프로젝트'를 추진하기 시작한 것은 2014년부터다. 그제야 27센티미터 이하인 명태는 잡지 못하도록 금했다. 이렇게 물길을 잃은 바닷물고기가 다시 우리 바다로 오는 길은 어렵고 험난하다.

멸치는 괜찮은가

그렇다면 남해의 멸치는 사정이 어떨까. 2016년에 조사한 바에 따르면 전갱이, 고등어, 삼치 어획량은 늘었지만 멸치, 참조기, 갈치 어획량은 줄었다. 이 중 멸치 어획량 감소가 가장 컸다. 산란기인 4월에서 8월 사이에 수온이 상승한 탓이었다. 갈치는 어린 고기를 과도하게 잡아 감소했다고 밝혀졌다.

바다생태계의 일차 생산자가 플랑크톤이라면, 바닷물고기의 세계에서는 멸치가 그렇다. 개체 수로 따졌을 때 멸치보다 많은 바닷물고기가 있을까. 대부분 연안에 서식하며 1년에 두 차례, 봄과 가을에 산란을 한다. 가을 멸치보다는 봄에 산란을 위해 회유하는 멸치가 더 맛이 좋다. 몸에 지방을 잔뜩 품고 있어 고소하다. 이 무렵이면 부산 기장이나 남해 미조에 멸치 시장

경남 남해군 미조항의 멸치털이 모습. 자망으로 잡은 멸치다.

이 열린다. 멸치를 따라 갈치나 농어가 연안으로 들어오기도 한다. 물고기만이 아니다. 멸치 어장 주변에서 우리나라 대표 고래인 상괭이를 만날 수 있다. 수심이 얕은 곳에 몇 마리씩 모여서 이동한다. 고래목 이빨고래아목 쇠돌고랫과에 속하지만 돌고래와 달리 등지느러미가 없다. 진도군 조도면 슬도 주변에서 낭장망으로 멸치를 잡는 배에 올랐다가 바다 한가운데에서 10여 마리의 상괭이를 본 적이 있다. 고래 고기를 판매하는 식당에 공급되는 고래가 상괭이라는 소문이 많은데, 고래 포획이 금지되어 있는 우리나라에서 혼획(어획 대상종에 섞여서 다른 종류의 물고기가 함께 잡히는 것)된 고래만으로는 수요를 충족할 수 없기 때문이다. 불법 어업이나 혼획은 상괭이의 멸종 위기를 불러오고 있다.

멸치 얘기로 다시 돌아가자면, 멸치를 잡을 때 부산 기장에서는 유자망을 쓰고, 남해에서는 정치망을 쓴다. 통영에서는 권현망을 쓴다. 정치망의 경우에도 지족해협과 사천 앞바다에서 볼 수 있는 죽방렴이 있고, 남해 앵강만에서 볼 수 있는 대형 그물이 있다. 여수, 진도 등에서는 낭장망으로 멸치를 잡는다.

앞서 낭장망, 정치망, 유자망 등은 설명했다. 죽방렴은 뒤에서 자세히 다룰 것이기 때문에 권현망어업만 설명하자면, 이 어법은 일본 히로시마 지역에서 전래된 어법이다. 일제강점기 통영을 중심으로 남해 지역에 들어왔다. 끌배(망선) 두 척, 어탐선 한 척, 가공선 한 척, 보조선 두세 척으로 이루어진 선단 조업을 가리킨다. 우리나라 멸치 어획량의 절반 이상을 권현망어업으로 잡는다. 그물은 자루 1개와 날개 2개로 이루어져 있으며 날개마다 끌배 한 척이 맡아서 두 척의 배가 권현망을 끄는 방법이다. 이렇게 끌배는 권현망이라는 대형 그물을 양쪽에서 끌어 멸치를 잡는 역할을 하며, 어탐선은 속도가 빠른 배로 선장이 탄다. 어군을 탐지해 투망과 양망을 지시하는 사령선이다. 가공선은 멸치를 삶고 건조하는 시설을 갖춘 배이고, 보조선은 이들 배 사이에서 소통하며 필요한 것을 전달하고 나누는 역할을 한다. 선장의 투망 지시가 떨어지면 그물을 나누어 싣고 대기하던 끌배는 그물 끝 쪽부터 투망을 시작한다. 망선은 500미터 내외의 적당한 간격을 유지하며 표층과 중층에 머물고 있는 멸치를 포획한다. 그렇게 잡은 멸치는 삶아서 말린다. 멸치가 쉽게 부패할 뿐더러 어획 시기가 여름으로 가는 길목인지라 잡은 즉시 삶고 건조하는 것이다.

바닷물고기의 특성이기도 하지만 특히 멸치는 산란, 먹이활동, 월동 등을 이유로 서식지를 옮긴다. 3~4월 봄에는 남해안 밖에서 활동하던 멸치들이 연안으로 들어오는 산란회유를 한

우리나라 멸치 어획량의 3분의 2를 차지하는 권현망어업의 양망 모습.(제공 김상현)

다. 또 봄과 여름에 연안에서 산란을 마친 어미 멸치는 서해안과 동해안을 따라 먹이활동을 하면서 수온 변화에 맞춰 북상하는 '색이회유'를 한다. 여름이 지나고 가을로 접어들면 북상한 멸치는 남해안으로 내려와 남해 밖 해역과 제주도 주변에서 겨울을 나기 위해 '월동회유'를 한다. 봄철에 젓갈용 큰 멸치가 잡히는 것도 산란을 위해 회유한 멸치를 잡기 때문이다.

멸치잡이 어법 중 죽방렴은 물론 낭장망이나 정치망은 모두 연안이나 만으로 들어오는 멸치를 잡는다. 과거에는 독살에도 멸치가 많이 들었다. 특히 제주의 독살 '원'에는 멸치가 많이 들어 마을 주민들이 나눠 가졌다. 지금은 남해 먼바다에서 어탐기로 멸치 어군을 찾아내 대형 그물로 잡기 때문에 연안으로 드는 멸치가 크게 줄었다. 게다가 서식지 오염과 훼손도 멸치가 물길을 따라 연안으로 드는 것을 막고 있다. 그 결과 서해나 동해 연안에서의 멸치 조업은 크게 줄었고, 남해안 섬 지역에서 정치망이나 낭장망을 이용한 어업이 겨우 유지되고 있다.

갯벌, 끝을 알 수 없는 가치

04

일주일이면 며칠을 갯벌에 살던 때다. 전생에 칠게였을지, 낙지였을지, 아니면 도요새였을지 모른다는 생각을 그때 했다. 지금은 물고기자리이기에 바다와 가까이 하는 것이라 우긴다. 2000년 봄쯤일까. 부안군 계화면 계화리 장금마을에서 신발을 벗고 백합을 잡으러 나가는 부녀회장을 따라 나섰다. 발바닥에 몽글몽글하게 닿는 부드러운 갯벌, 발가락 사이로 빠져나가는 개흙, 기분이 상쾌했다. 갯골에서 잠깐만 걸어도 백합이 밟혀 작은 소쿠리를 가득 채울 정도였다. 어머니들이 한 시간 이상 걸어 바닷물과 접한 곳까지 가는 이유는 큰 백합(대합), 씨알이 굵은 백합을 잡기 위해서다. 부녀회장은 한 손에 '그레'를 들고 다른 손은 아들 손을 잡고 걸었다. 어린 준이는 갈쿠리로 백합을 잡았다.

부녀회장은 해녀로 치면 물질을 가장 잘해 소라나 성게를 가장 많이 잡는 상군이다. 상군은 배를 타고 수심이 깊은 곳으로 이동해 물질을 하고 숨도 오래 참아 채취량이 많다. 따라서 하군이나 중군에 비해서 소득도 높다(자세한 것은 3부 해녀어업 편에서 설명하겠다).

하루 그레질로 10만 원 벌이가 수월하다. 큰 백합이 있는 곳을 어떻게 그렇게 잘 아는지. 바닥(갯벌)을 보면 안다는데, 나는 잘 모르겠다. 씨를 뿌린 것도 아니요, 거름을 준 것도 아니건만 갯벌은 정말이지 아낌없이 백합을 내주었다. 부안군 하서면·계화면, 김제군 광활면·진봉면·만경읍, 군산시 옥서면·옥구읍·회현면 등에서 약 10만여 명이 갯벌에 의지해 살았다. 봄부터 겨울까지 갯벌은 백합을 내준다. 백합만이 아니다. 봄에는 숭어, 가을에는 꽃게·전어·새우, 겨울에는 숭어 등 어류도 많이 잡을 수 있었다. 1960년대까지는 갯골까지 조기가 들었다고 한다. 하여 어머니들은 돈을 들여 논을 사지도 않았고, 뒷산에 작은 텃밭을 일궈 푸성귀만 키웠다. 백합을 팔아 쌀을 사고 보리를 샀다. 아이들 학교를 보내고 시집 장가 보내는 데 부족함이 없었다. 지금까지도 갯벌을 벗어날 생각을 못 하고 비릿함을 몸에 담고 있다.

물길, 갯벌을 만들다

갯벌의 '개'는 바다를, '벌'은 너른 들을 말한다. 바다에 있는 넓은 들이다. 조간대라고도 한다. 낙지를 잡고 바지락을 캐는 서해안 갯벌만이 아니라 해녀들이 전복을 따고 소라를 줍는 제주 '바당'과 강정 '구럼비', 거제 학동 몽돌밭, 동해의 모래밭 등을 총칭해 해양학에서는 '연안습지'라 한다. 넓은 의미에서 갯벌이다. 완도·여수·신안 등 전라도에서는 '갱번', 인천·옹진에서는 '갯티', 제주에서는 '바당', '바룻', 거제 통영에서는 '개발'이라고도 한다. 농사를 짓는 바다라 하여 '갯밭'이라는 말도 사용한다. 어떤 이름으로 불리든 갯벌은 수많은 생명체가 서식하는 생물다양성의 보고이며, 자연재해를 막는 방파제이자 수질 정화, 기후 조절, 풍성한 수산물 공급, 생태여행 장소 등 여러 가지 기능을 한다. 바로 이 때문에 '지구의 허파'라 불리는 것이다. 인간은 선사시대부터 갯벌을 이용해왔다. 조개무지에서 발견된 다량의 굴, 꼬막, 백합 등의 껍데기와 어류의 뼈가 이를 증명한다. 지금도 호미로, 가래로, 빗창으로 조개를 캐고 낙지를 잡고 소라를 따고 있다. 선사시대부터 지금까지 갯벌은 변함없이 제 역할을 다하고 있다.

갯벌은 두 가지 원인으로 만들어진다. 하나는 내륙에서 흙과 모래가 강과 하천으로 흘러 바다와 만나 하구에 쌓여 만들어지는 갯벌이다. 다른 하나는 파도와 파랑으로 흙과 모래가 연안과 섬 주변으로 이동해 만들어지는 갯벌이다. 전자는 우리나라 서해안에서 흔히 볼 수 있는 하구갯벌이다. 후자는 독일, 네덜란드, 덴마크 등 북해의 와덴해에 길게 형성된 모래섬과 갯벌이다.

우리나라 한강, 임진강, 금강, 영산강 등 큰 강은 많은 흙과 모래를 서해로 운반한다. 앞서 말했다시피 서해는 조차가 매우 크다. 더욱이 바닥 기울기가 완만하고 수심이 깊지 않을뿐더러 굴곡이 심한 해안과 다도해가 있어 파도가 약해지면서 퇴적물이 쌓일 수 있는 최적의 조건을 갖추고 있다. 우리나라 갯벌의 80퍼센트 이상이 서해에 위치한 이유다.

펄갯벌은 꼬막으로 유명한 여자만(안쪽은 순천만이라 부르기도 한다), 염전으로 널리 알려진 곰소만, 물범이 산다는 가로림만처럼 바닷물이 들어오는 입구가 좁고 안쪽은 항아리마냥 너른 내만에서 만들어진다. 강물을 따라 바닷물을 따라 들어온 미세한 흙이 바다로 나가지 못하고 안에 차곡차곡 쌓이면서 생긴 갯벌이다. 모래갯벌은 동해안이나 서해안 바깥 섬 서쪽 해안에 많이 생긴다. 파도 에너지가 직접 닿는 곳이나 그 주변이다. 크고 작은 섬과 같은 장애물이 없는 곳에 모래가 쌓인다. 혼합갯벌은 펄과 모래가 섞인 갯벌이다. 때로는 크고 작은 돌도 박힌다. 모래갯벌의 반대쪽 해안에 섬들이 가깝게 접해 있으면 그곳도 펄갯벌이 생긴다. 이를 잘 보여주는 곳이 신안 다도해 갯벌들이다. 목포에서부터 도초도와 비금도에 이르는 갯골 양쪽에 펄갯벌이 발달해 있다. 지형과 위치 그리고 조류의 방향에 따라 갯벌의 형태가 다르다. 지역으로 보면 남해에는 혼합갯벌이 비교적 많고, 동해안은 모래갯벌이, 서해안은 펄갯벌이 발달했다. 모래갯벌 중에도 모래의 굵기에 따라 쌓이는 위치가 다르다. 한강 하구 장봉도, 주문도, 볼음도 일대에는 가는 모래갯벌이 발달했다. 이런 곳에서는 새만금에서처럼 백합이 잘 자란다. 뻘배를 타고 오갈 수 있는 내만의 펄갯벌에서는 낙지와 꼬막이 많이 자란다. 여자만 꼬막이 유명한 것도 이런 이유다. 무안과 신안의 낙지를 알아주는 것도 펄갯벌 덕분이다. 고창 곰소만 일대의 바지락밭은 혼합갯벌이 만들어낸 결과다. 간혹 바지락밭을 만들기 위해 모래나 잔돌을 펄갯벌에 넣기도 한다. 펄갯벌에는 꼬막, 가리맛, 짱뚱어가 살고, 혼합갯벌에는 바지락이 지천이며, 모래갯벌에는 백합과 동죽이 많다. 갯바위에서는 미역과 톳과 배말과 거북손 등이 자란다.

물길, 갯밭을 일구다

시화호 갯벌에는 낙지, 갯지렁이, 바지락, 피조개, 맛조개, 소라, 가무락기, 파래가 많았다. 물이 빠지면 호미, 삽, 써개, 갈쿠리 등 간단한 도구를 가지고 채취하는 것을 '맨손어업'이라 한다. 반면 배를 가진 어민들은 안강망과 유자망, 통발, 삼중망(자망의 일종) 등으로 우럭, 농어, 꽃게, 숭어, 망둑어 등을 잡았다. 시화호는 김 양식지, 굴 양식지, 바지락 양식지로도 유명하다.

경기만에서는 일제강점기 월미도의 '해태 양식 시험장'에서 처음으로 김 양식을 시도했다. 시화호에서 김 양식이 시작된 곳은 대부도다. 1956년 《경기도지》에 따르면 대부면, 영흥면, 덕적면 등에서 굴과 김 양식이 이루어졌다고 한다. 대부도·영흥도·선재도는 김, 굴, 바지락 양식이 일찍 시작된 곳이다. 어도도 굴 양식과 바지락 양식으로 남부럽지 않은 생활을 했던 곳이다. 반면 우음도는 양식을 하지 않고도 생활할 수 있을 만큼 맛조개를비롯한 자연산 패류가 많았고, 형도는 뱃길 중간에 위치해 배를 가지고 물고기를 운반하는 물류가 일찍부터 발달했다.

바닷물이 가득 차는 만조를 대부도 사람들은 '참'이라 했고, 빠지는 간조를 '감'이라 했다. 그리고 참과 감 사이 30분에서 한 시간가량 물이 잔잔한 시간을 '정조기'라 했다. 1980년대까지 어도에서는 초겨울부터 초봄까지 굴 양식을 해서 생활했다. 당시 굴 양식은 걸대식과 투석식이 있었다. 걸대식은 갯벌에 나무 기둥을 세우고 기둥과 기둥 사이에 줄을 연결해 포자가 붙은 가리비를 엮은 줄을 걸어서 양식을 하는 방법이며, 투석식은 갯벌에 큰 돌을 집어넣어 굴 포자가 붙게 하는 양식법이다. 투석식이 가장 오래된 양식 방법이며, 걸대식은 이후 지주식으로, 부류식으로 발달했다. 조차가 큰 서해안 갯벌에서는 지금도 투석식 굴 양식이 이루어지고 있으며, 여수 일부 지역, 태안과 서산의 연안 지역, 옹진의 섬 지역에서는 지주식 굴 양식이 이루어지고 있다. 거제, 통영, 남해 등 수심이 깊고 조차가 크지 않은 곳에서는 부류식 굴 양식이 발달했다.

우리나라 양식사에서 가장 오래된 것을 꼽으라면 단연 김 양식과 굴 양식이다. 김 양식은 양식과 채취 그리고 가공에서 많은 노력과 비용이 수반되지만, 굴 양식은 양식·생산·판매 과정이 단순했다. 특별히 가공할 필요도 없고, 많은 시설을 필요로 하지 않는다. 돌을 집어넣거나 갯벌에 소나무 가지나 대나무 가지를 꽂아놓기만 해도 굴이 주렁주렁 달렸다.

경기도 화성시 시화호 안에 있던 작은 섬 어도에서는 굴 양식장을 만들기 위해 주민들이 밤낮을 가리지 않고 돌과 자갈을 가져다 섬 주변 갯벌에 부었다. 지금은 간척을 해 육지와 연결됐다. 생계를 위해 양식장을 만드는 일이 시급했지만, 양식장을 만드는 일보다 더 큰 문제가 섬과 뭍을 잇는 다리, 즉 어도와 고포리 마산포를 잇는 길을 만드는 일이었다. 물이 들면 바다요, 물이 빠지면 갯벌인 곳을 돌과 자갈로 물이 들어도 건널 수 있는 길로 만들어야 했다. 어도 주민들은 3년에 걸쳐 돌과 자갈을 머리에 이고 등에 져서 날라 갯벌에 붓고, 그것이 바닷물에 쓸려가기를 반복하면서 1972년 마침내 다리를 완성했다. 개미처럼 일해 만든 다리라 하여 이름도 '개미다리'라 했다.

사람들이 오갈 수 있게 되자 이번에는 돌을 날라 굴 양식장을 넓히고 어린 바지락(종패 혹은 치패라고도 한다)을 뿌렸다. 그 덕에 해마다 소득이 높아졌다. 호주머니에 돈이 들어오기 시작하자 밤에도 낮처럼 일을 했다. 이를 위해서는 굴 껍데기를 까는 작업장이 필요했다. 그렇게 해서 ㄷ자로 지어진 집을 ㅁ자로 만들어 비가 들이치지 않고 햇볕을 피하면서도 1년 내내 밤낮없이 일할 수 있는 작업장을 지었다. 이를 '봉당'이라 한다. 부엌 옆

공간이자 마당이기도 했다. 여기서 깐 굴과 바지락을 가까운 시장까지 운반해서 팔았다. 그 시장이 화성시 송산면에 있는 '사강시장'이다. 물이 빠지면 갯벌을 건너 무려 20리 이상, 즉 9킬로미터 남짓을 걸어야 했다. 카바이트등을 밝히고 굴을 까던 섬마을에 1980년 5월이면 자비로 세운 철탑을 통해 전깃불이 밝혀졌다. 이제는 개미처럼 일했던 기억을 이야기해줄 사람이 몇 남지 않았다.

물길을 막히면

하지만 시화호 간척이 진행된 후 경기만 일대의 갯벌 면적과 해안선은 절반 이상 소실되었다. 이에 따라 가리맛·가무락·백합·동죽·떡조개 등이 소멸 위기에 처했다. 바지락의 질은 물론 생산량도 떨어지고 있다. 대부도의 12개 어촌계는 기능을 상실했고, 바지락이 유명한 영흥도·선재도의 어촌계도 큰 타격을 받았다. 시화호만이 아니다. 화옹호(화성) 간척으로 인해 8개 어촌계가 기능을 상실했으며, 9개 어촌계가 외해에서만 어업 활동을 하고 있다.

간척사업은 어도·형도·음도·대부도 등의 바다만이 아니라 영흥도·선재도·풍도·육도는 물론 외해의 덕적도와 인근 섬에까지 영향을 미친다. 대부분의 바다생물들은 시화호로 사라진 군자만이나 남양만에 산란을 하고 그곳에서 자란 후 더 깊은 바다로 나가기 때문이다. 더욱이 물길이, 조류의 세기가 변화하면서 어류가 이동하는 갯골이 메워지고 바다풀이 사라졌다. 이렇듯 물길이 막히면 바닷물고기도 살기 힘들지만, 거기에 기대 사는 도요새나 검은머리물떼새 같은 물새들도 살기 힘들어진다. 조개를 캐고 낙지를 잡는 어민들 역시 마찬가지다. 마을을 떠나거나, 삶을 바꿔야 한다.

새만금방조제 마지막 물막이 공사가 끝난 2006년 6월 어느 날이다. 일주일에 두세 차례 새만금을 오가던 시절이다. 계화도 논에 도요새가 수십 마리 날아들었다. 좀처럼, 아니, 거의 논에 들지 않는 새다. 도요새는 호주와 시베리아를 오가는 철새다. 그 종류만도 수십 종에 이른다. 이들이 제일 좋아하는 먹이가 작은 게다. 특히 칠게를 아주 좋아한다. 갯지렁이도 좋아한다. 호주에서 시베리아까지 가는 도중에 몸이 쇠해져 기력을 보충하기 위해 쉬었다 가는 곳이 바로 서해안 갯벌이다. 새만금은 그 중심이었다. 백로와 왜가리는 미꾸라지나 민물고기도 잡아먹기 때문에 바다와 민물 심지어 논에서도 곧잘 발견되는 텃새지만, 도요새는 갯벌이나 염전에서나 볼 수 있는 철새다. 왜 논에 들어왔을까.

계화도 장금 갯벌로 들어서니 갯벌은 바싹 말라 육지로 바뀌고 있었다. 몇 달 전까지 그곳은 완전히 '게판'이었다. 바닷물이 빠지면 칠게가 만세를 부르던 곳이었다. 그런데 이제는 상황이 완전히 바뀌어 어민들이 파놓은 함정에 빠진 채 말라 죽어가는 게, 구멍으로 들어가려다 비명횡사한 게, 몸이 반쯤 부서져 나뒹구는 게 등 아비규환이다. 하물며 갯지렁이나 다른 생물들은 말할 필요도 없다. 백합은 혀를 내밀고 힘들게 갯벌을 기어 물을 찾다 기진맥진 쓰러져 있었다. 갯벌에 나온 어민들도 나뒹구는 백합, 동죽, 맛조개를 쳐다보며 넋을 잃었다.

새만금방조제는 길이 33.9킬로미터로 기네스북에 올랐을 정도로 길다. 간척 면적은 여의도 면적의 140배에 이른다(409제곱킬로미터). 달리 말하자면 그만큼 물길이 막힌 셈이다. 동진강과 만경강으로 오르내리는 바다 물길이다. 숭어가 오가는 길이요, 뱀장어가 오가는 길이다. 봄이면 물길을 따라 올라오는 실뱀장어를 잡고, 백합과 바지락을 캤다. 가을에는 새우를 잡고 꽃게와 전어를 잡았다. 모두 물길을 따라 올라온 바닷물고기며 조개들이다. 물길이 막히면서 가장 먼저 백합이 죽고, 칠게가 떠났다. 이들을 좋아하는 도요새와 물떼새들도 다른 삶터를 찾아 길을 떠났다.

도요새들이 논으로 온 이유였다.

시간이 흐르면서 평생 물길에 기대 살던 어민들도 다른 삶터를 찾아 기웃거려야 했다. 공사장에도 가고, 공공 근로에도 이름을 올렸다. 젊은 사람들은 일자리를 찾아 고향을 떠나야 했다. 물길의 변화는 비단 바다생태계에만 영향을 미치는 것이 아니다. 인간에게도 커다란 영향을 미친다. 새만금 청사진은 정권이 교체될 때마다 바뀌었다. 목표도 없이 물길을 막은 결과다. 갯벌이 지구온난화를 막는 데 얼마나 큰 역할을 하는지 밝혀지고 있다. 그 자체로 관광자원이라는 것도 확인되고 있다. 해산물로 만든 음식은 말할 필요도 없다. 모든 것이 물길이 가져다준 선물이었다.

강과 바다를 잇는 물길의 수문을 개방하자는 목소리가 높아지고 있다.

2부

물고기와 어부의 만남

: 바닷가에서 어떻게 살까

뭍사람들에게 논밭이 있듯 어민들에게는 갯밭이 있다. 그 갯밭은 미역이 자라는 갯바위, 바지락이 자라는 혼합갯벌, 꼬막이 자라는 펄갯벌, 백합이 자라는 모래갯벌 등 다양하다. 어민들에게 바다 농사를 짓는 갯밭은 물고기에게는 서식처이자 산란장이다. 검은머리물떼새나 도요새에게는 남은 긴 여행을 위한 먹이활동 공간이다.

어느 누구도, 인간을 포함한 어떤 생물도 그곳을 독점할 수 없으며 독점해서도 안 된다. 우리는 한때 그곳을 쓸모없는 땅이라 여기며 물길을 막고 논을 만들고 공장을 만들어 복합산업단지를 이루고 태양광발전소를 세우기도 했다. 수산물을 공급하는 역할만이 아니라 인간이 배설하는 온갖 것을 정화하고, 지구온난화를 막는 등 눈에 보이지 않는 갖가지 역할은 전부 쓸데없는 일로 취급됐다.

바다는 화수분이 아니다. 자정할 수 있는 한계점을 넘어서면 아낌없이 주던 바다도 분노하기 시작한다. 이는 인간에게만이 아니라 바다생물에게도 물새에게도 재앙이다. 어민의 눈이 아니라 물고기의 눈으로 바다를 보아야 하는 이유다.

바다를 살리는 그물을 만들어야 한다. 그동안 인간들을 위해 큰 희생을 치른 갯벌과 바다를 위해 상생의 굿판을 펼쳐야 한다. 우리 밥상에서 바다를 살피는 노력이 필요하다. 수산물을 단순한 먹을거리로 보는 것이 아니라 바다의 가치가 담긴 것임에 공감해야 한다.

01 갯밭

농민에게 논밭이 있다면 어민에게는 갯밭이 있다. 갯벌은 무엇이고 갯밭은 무엇인가. 갯밭은 말 그대로 갯벌에 있는 밭이라 할 수 있다. 뭍사람들은 갯벌이 흙으로 이루어져 있고 그곳에 굴, 백합, 낙지 등이 있다는 것, 어민들이 그걸 채취한다는 것도 알지만 이를 '밭'이라 부르지는 않는다. 우리가 학교나 사회에서 익히 보고 듣고 배운 '밭'이라는 개념이 곧바로 땅을 연상케 하기 때문이다. 마른 흙으로 덮여 있고, 푸른 식물들이 자라나는 곳이 밭이다. 하지만 어민들에게 '밭'은 갯벌이다.

어민들은 이 갯밭에서 바지락이며 굴, 김, 미역 등을 양식하기

전남 완도군 용출리 갱번. 마을 주민들이 정해진 날짜에 공동으로 톳과 가사리 등 해초를 뜯어 팔아 기금을 마련하거나 똑같이 분배한다.

도 하고, 그곳에 사는 자연산 어패류를 관리하기도 한다. 뭍에서 콩 심은 곳을 콩밭이라 하고 감자 심은 곳을 감자밭이라 하듯, 바지락이 나는 갯벌은 바지락밭이라 한다. 마찬가지로 굴이 자라는 곳은 굴밭, 미역이 붙어 자라는 갯바위는 미역밭이다. 어민들은 갯바위에서 미역만이 아니라 톳, 우뭇가사리를 뜯고, 갯밭에서는 꼬막, 백합, 동죽 등을 캐고, 얕은 바다에서는 김, 매생이, 파래 등을 맨다(이런 갯밭을 혹자는 '바다밭'이라고도 한다).

물론 밭은 저절로 영글지 않는다. 김도 매고 물도 주며 관리를 해주어야 좋은 수확물을 거둘 수 있듯이, 갯밭도 그렇다. 오롯이 바다에 맡기는 것이 아니다. 어민이 정성 들여 일구는 곳이다. 때문에 어민들이나 마을 주민들이 자신이 관리하는 갯벌 생물들을 제 소유라 여기는 것이다. 모든 갯벌이 갯밭은 아니지만, 어민들이 가꾸는 갯밭이 있다. 이런 곳은 국가로부터 허가를 받은 어업인 '마을어업'이 이루어지는 공동어장인 경우가 많다. 이를 이해하지 못한 채 바닷가에서 굴이나 톳, 김 따위를 함부로 채취하다가는 주민들과 얼굴 붉히기 십상이다.

오월 갯밭에서 바지락이 여문다

눈부시게 푸르른 4월 어느 날이었다. 무릎까지 올라오는 긴 장화를 신고 바지락밭으로 들어섰다. 미세먼지도 없고, 하늘도 말끔하고, 연두색 나뭇잎이 바람에 살랑거리는 봄날이었다. 고흥반도 끝과 나로도 사이, 해창만으로 드는 물이 빠지기 시작하면서 갯벌이 모습을 드러내기 시작했다. 여느 갯벌과 다르다. 남성리 갯밭이다. 밭둑이나 논둑처럼 둑이 있고, 골이 있다. 멀리서 보면 흡사 모내기를 위해 물을 잡아놓은 무논(물이 괴어 있는 논) 같다. 사실 그곳은 바다이며, 물이 빠지면 갯벌이다. 지금은 바지락밭이고 전에는 굴밭이었다.

갯밭마다 사람들이 하나둘씩 자리를 잡고 일하고 있다. 무릎까지 올라오는 긴 장화를 신고 조심스럽게 고랑을 따라 들어가 보았다. 발목 이상 빠지지 않는 갯벌이다. 고랑보다 20~30센티미터 높게 만들어진 갯밭은 흙을 담은 자루로 둑을 쌓아 경계를 지었다. 바닷물이 들어오면서 갯밭이 잠길 때에도 이 둑은 유실되지 않아야 한다. 이렇게 경계를 지은 것은 집집마다 자신들이 일군 갯밭을 구분해야 하기 때문이다. 갯밭에서 바지락이며 굴이 저절로 생겨나지 않듯, 갯밭 역시 저절로 만들어지지 않는다. 바지락이 서식할 수 있는 갯밭을 만들기 위해서는 펄갯벌에 모래를 부어 혼합갯벌로 바꿔주어야 한다. 굴 양식을 할 때는 돌을 집어넣기도 한다. 흡사 나무를 베고 땅을 골라 밭을 일구듯 갯벌을 갯밭으로 만드는 것이다. 요컨대 마을 공동어장임에도 둑을 쌓아 경계를 짓는 것은, 밭을 일구는 노력과 비용을 마을에서 인정해 개인이 점유할 수 있게 한 것이다.

그런데 특이한 광경이 눈에 띈다. 바지락을 캐는 모습이야 늘 보던 것인데, 괭이를 들고 갯밭을 평평하게 고르는 모습은 생경했다. 갯밭을 평평하게 고를 이유가 있을까? 물어보니 물 빠짐이 좋게 골을 치고 모래나 흙을 집어넣어야 어린 바지락이 잘 자란단다. 잘 관리된 바지락밭은 어린 바지락을 넣지 않고도 자

충남 태안군 소원면 개목리 굴밭.

연 번식이 가능하다. 그런데 또 한 가지 이유가 있었다. 썰물에 물이 빠질 때 갯벌이 평평하지 않으면 물웅덩이가 생기는데, 이를 막기 위해서다. 웅덩이에 고인 물은 봄이나 여름에 햇빛 아래서 뜨거운 물로 변한다. 만약 여기에 바지락이 있으면 어떻게 될까. 어린 바지락은 그대로 익어버리기도 한다. 큰 바지락은 갯벌 깊숙이 들어갈 수 있지만, 어린 바지락은 비명횡사를 면치 못하는 것이다. 갯벌 체험을 온 사람들이 뻘흙을 마구 파헤쳐놓아 어린 바지락들이 햇볕에 노출되어 죽기도 한다(그러니 갯벌에서 흙을 함부로 긁어놓아서는 안 된다).

이곳은 처음에 굴밭이었다. 솔가지나 대나무 가지를 꺾어 갯벌에 꽂아두면 여기에 굴 유생들이 붙어 자란다. 굴 유생은 헤엄을 치며 다니지만, 자라면서 고착 생활을 한다. 바위나 나뭇가지 등에 붙어서 자라는 것이다. 유생일 때는 갯벌에 붙어 자라지 못하지만, 나뭇가지에 붙어 자라다가 무거워서 혹은 파도를 맞아 갯벌에 떨어지면 이후에는 갯벌에 붙어 자라기 시작한다. 때문에 굴 양식장에서는 갯벌에 돌을 넣어 굴 유생들이 붙기 좋은 환경을 만들어주기도 한다.

굴 양식 소득이 아무리 좋다 한들, 갯밭은 바다다. 개인이 소유할 수 없는 곳이다. 먹고살기 힘든 시절에 바닷가 사람들은 농사지을 수 있는 땅에 대한 욕망이 컸다. 갖은 수단을 동원해 갯벌을 막아 논을 만들고자 했다. 섬은 농사지을 땅이 부족하다. 연안 어촌도 마찬가지다. 고기잡이나 양식으로 돈을 벌면 바다 건너 뭍에 땅을 사놓고 배를 타고 오가며 농사짓기도 했다. 하물며 기회만 주어진다면 갯벌을 막아 농사지을 땅을 만드는 일이야 마다할 이유가 없다.

남성리는 고흥반도 남쪽 고흥군 포두면에 위치한 어촌이다.

대부도를 '낙지섬'이라 부른다. 낙지는 다리가 8개다. 대부도는 흡사 낙지 다리처럼 곶이 많고 그 사이에는 갯벌이 발달했다. 들고 나는 해안선이 많다는 이야기다. 몇 사람이 힘을 합하면 제방을 쌓고 논을 만들 수 있었다. 대규모 간척사업은 국가가 추진했지만, 방조제를 쌓아 물길을 막고 논을 만드는 소규모 간척은 어민들이 '계'를 만들어 추진했다. 쌀이 귀하던 시절이라 허가를 받는 것이 어렵지 않았지만, 허가 없이 일단 일을 벌인 뒤에 절차를 밟아도 큰 문제가 되지 않던 시절이다. 논을 만들어 농사를 지으려면 물길도 확보해야 한다. 하지만 치수만큼은 국가가 나서지 않으면 어려웠다. 그렇게 해서 선택한 것이 논 옆에 물을 가두는 작은 방죽을 만드는 일이었다. 간척한 논은 똑같이 나누고, 방죽은 공동으로 이용하는 저수지 역할을 한 것이다. 이후에도 방죽을 수리하거나 쌓인 흙을 파내는 등 관리를 해야 했다. 그래서 함께 모여 일을 하고, 제방과 작은 저수지를 관리하는 '방죽계'가 탄생했다. 대부도에는 이런 방죽계가 유독 많다.

고흥군은 국립공원 팔영산을 최고봉으로 천등산과 마복산 등 산이 많고 동쪽에 여자만, 서쪽에 가막만이 있어 산과 바다가 잘 어우러진 곳이다. 물이 좋고 바다에서 나는 수산물이 다양하지만 쌀농사를 지을 땅은 부족했다. 하여 선택한 것이 방조제를 쌓아 물길을 막고 간척농지를 조성하는 것이었다. 가막만에 조성한 고흥만방조제와 여자만의 해창만방조제가 대표적이며, 고흥군 모든 연안은 대부분 제방을 쌓아 농지를 조성했다. 그리하여 지금은 전남에서 경지 면적이 가장 넓은 곳으로 꼽힌다. 이렇게 국가 정책으로 추진된 간척농지도 있지만, 개인들이 농지를 조성한 곳도 있다. 남성리가 그런 곳이다. 남성리에는 독특하게 개인이 일군 갯밭이 있다.

남성리는 고흥반도 끝자락에서 내나로도를 마주보고 있다. 여자만 나들목에 있는 섬, 적금도·둔병도·낭도를 연결한 다리가 고흥반도·여수반도로 이어지는 77번 국도가 남성리 마을 앞을 지난다. 예전에는 그 도로 앞까지 바닷물이 들어왔다. 지금은 제법 넓은 농경지다. 그 아래 내나로도로 가는 도로 너머에 독특한 갯밭이 만들어져 있다. 바닷물이 완전히 빠지기 직전에 보면 모를 심기 위해 물을 넣어놓은 무논(물이 괴어 있는 논)처럼 보이기도 하고, 완전히 빠진 모습을 보면 바닷가에 있는 밭처럼 보이기도 한다. 물론 물이 완전히 들었을 때 보면 당연히 바다다. 마을어장이었던 갯벌은 도로를 사이에 두고 반은 간척하여 논이 됐고, 반은 바지락밭이 됐다. 그런데 바지락밭으로 일군 갯밭 모양새가 영락없이 무논이다.

아무리 펄흙이라 해도 발이 푹푹 빠지는 곳을 메우는 일은 쉽지 않다. 바닷물이 들 때 배로 돌이며 흙을 날라 물길을 막아야 했다. 주민들은 수백만 원씩 하는 목돈을 각출해 원(제방)을 쌓았다. 그렇게 일평생 소원이었던 논을 만들어 벼농사를 짓게 되었건만, 점점 쌀밥을 지어 먹지 않는 시대가 되었다. 쌀값은 떨어지는데 바지락이나 굴 등 수산물 값은 올랐다. 쌀만 있으면 먹고살 수 있을 줄 알았고, 농사지을 땅만 마련하면 굶어 죽지는 않을 거라 생각했는데 현실은 그렇지 않았다.

다행히 남성리 마을어장은 넓어 간척에서 제외된 갯벌이 많이 남아 있다. 이곳에 모래를 넣고 고랑을 내 바지락밭을 만들었다. 바지락은 펄갯벌이 아니라 모래가 섞인 혼합갯벌에서 잘 자라며, 물 빠짐이 좋아야 육질이 단단해진다(물론 캐는 것도 수월해진다). 굴밭을 일궜던 시절에는 이곳 굴 맛이 좋아 '남성리 굴은 임금님 수라상에 오른다'고 했을 정도다. 하지만 통영이나 거제 일대에 대규모 굴 양식장이 조성되면서 굴보다는 바지락 양식이 경쟁력 있었다. 그러려면 굴이 자라는 갯벌을 바지락이 자라는 갯벌로 바꿔야 했다. 모래를 넣고 굴 껍데기를 부숴 넣었다. 아무래도 모래가 좋기야 하겠지만 모래를 사서 일일이 운반해 와야 하니 비용이 만만찮았다. 모래의 대체재로 선택된 것이 한때 이곳에서 캤던 굴 껍데기를 잘게 부순 것이다.

일반적으로 갯밭은 마을 공동어장으로 어촌계원들이 공동으로 점유해 이용한다. 어장을 나누어 이용하는 경우에도 똑같은 크기로 나누어 분배한다. 통영, 남해, 사천, 여수나 장흥 일대의 바지락밭 중에는 마을에서 이용하지 않는 조간대에 흙과 모래를 넣고 큰 돌을 골라내서 개인적으로 이용하는 곳도 있다. 이 경우에는 작은 텃밭 정도의 개념이다. 하지만 남성리는 텃밭을 넘어서 생업용 혹은 생계용 규모로 개인들이 바지락밭을 일궈 양식을 하고 있다. 드물기는 하지만 바지락밭을 사고팔기도 했다고 한다. 언덕에 올라 갯밭을 보면 초기에 일군 갯밭은 모양이 다양하지만, 최근에 일군 것으로 보이는 바다와 가까운 갯밭은 크기며 모양이 똑같다. 즉 초기에 패류 양식보다 쌀농사가 중심일 때는 갯밭에 큰 관심을 갖지 않아 능력껏 이용해 구획이 일정하지 않았던 것이다. 하지만 근래에 들어서는 수산물 가격이 높아지고 갯밭 가치가 커지면서 마을 공동체에서 크기와 이용 방식에 개입하기 시작했다.

물이 빠지기 시작한 갯밭에 들어가 골을 따라 오가기를 3시간 남짓, 물이 들기 시작한다. 아버님만이 아니라 어머님도 익숙한 몸짓으로 바지락이 든 통을 어깨에 멘다. 갯골을 따라 걸어야 할 때에는 머리에 이는 것보다 등에 지는 것이 안전하고 편리하다. 제주도 어머니들만 짐을 운반할 때 어깨에 지는 것이 아니다. 화산탄이 흩어져 머리에 지고 운반하는 것보다 어깨에 지고 운반하는 것이 안전한 것처럼, 갯벌에서도 무거운 짐을 옮길 때에는 남녀노소 관계없이 어깨에 지는 것이 일반적이다. 고랑으로 들어온 바닷물은 순식간에 갯밭을 적시기 시작한다. 이렇게 갯밭에서 바지락이 영글어간다. 햇볕에 단련되면서, 바닷물이 들어오면 먹이활동을 하면서. 5월이면 밭에서 마늘이 여물고 양파가 튼실해지지만 갯밭에서는 바지락이 자라난다.

김매고 물 주며 짓는 미역 농사

여름으로 가는 길목에 바닷바람은 끈적거리고 후덥지근하다. 이런 날이면 일은커녕 휴가도 가기 싫지만, 진도군 조도면 맹골도·관매도·독거도·곽도 등 작은 섬이 고향인 이들은 휴가철이면 어김없이 섬을 찾아오곤 했다. 미역을 뜯기 위해서다. 한 집에 두 명은 반드시 참여해야 몫을 배당받을 수 있다. 진도군 조도면은 돌미역 주산지다. 뱃길도 낯선 외딴 섬에 사람이 모여 살고 마을을 이루며 수백 년을 지켜올 수 있었던 것은 바로 이 미역밭 덕분이다. 섬을 떠나 뭍에서 생활하다 미역 철에만 들어오는 '얌체 어민'은 미역밭 채취 권리를 주장할 수 없다. 최소한 마을을 지키며 섬 살림을 꾸려야 하는데, 그중 하나가 바로 '갯닦이'다.

논밭에 잡초가 무성하면 지나던 길손도 손가락질을 한다. 논밭은 농부의 얼굴이요, 심성이라 여기기 때문이다. 갯밭도 마찬가지다. 농부들이 씨를 뿌리기 위해 밭을 매고, 벼를 심기 위해 써레질(써레로 논바닥을 고르거나 흙덩이를 잘게 부수는 일)을 하듯이 어민들은 갯닦이를 한다. 좋은 미역을 얻고 싶다면, 늦가을이나 겨울에 미역이 자리 잡기 좋은 갯바위를 깨끗하게 닦아주어야 한다. 갯바위에 달라붙은 해초도 제거하고 따개비나 담치 등 갯바위에 붙어 자라는 생물들을 떼어내야, 바다에 떠다니던 미역 포자가 자리 잡고 자랄 수 있다. 갯닦이 시기는 지역에 따라 다르다. 포항에서는 10월에 하지만, 진도에서는 정월에 한다. 수온 차이와 미역 포자가 활동하는 시기에 따른 것일 게다.

진도에서는 아직 매서운 바람이 부는 정월에 뭍 주민들까지

전남 고흥군 녹동면 나로도 마을 공동작업 갯닦이 모습(1960년대 추정).

경북 경주시 김포리 주민들이 갯닦이 때 쓰는 도구. 미역 바위(짬)에 포자가 잘 붙도록 바위에 붙은 해초를 제거한다.

모여서 갯닦이를 한다. 진도군 조도면 작은 섬 주민들은 겨울철에는 진도읍이나 목포 등 뭍에서 생활하다가, 어업이 시작되는 봄에(빨라도 설 명절을 지낸 후에) 섬으로 돌아온다. 갯닦이 시기와 겹칠 때가 많다. 혹은 갯닦이를 하기 위해 짬을 내어 섬으로 들어오기도 한다.

갯닦이를 하기 위해 필요한 것은 '따까리'라 부르는 도구다. 긴 나무자루에 폭이 10센티미터, 길이가 25센티미터 내외의 직사각형 쇠판을 삽처럼 끼워서 만든다. 이를 양손으로 잡고 대각선으로 세워서 갯바위를 밀어 해초를 제거한다. 마을 공동 미역밭은 권리를 가진 가구가 모두 참여해 갯닦이를 하지만, 개인 미역밭은 주인이 알아서 작업한다. 집집마다 참여하는 숫자는 한 명이든 두 명이든 동일하다. 갯닦이는 비단 진도만이 아니라 고성, 포항, 제주 등 돌미역을 채취해 생계를 이어나간 어촌의 일상이었다. 그렇지만 양식 미역이 대중화되고 돌미역이 밀려나면서 갯닦이는 점차 사라지는 중이다.

양식어업이 점차 기계화·대형화됨에 따라 어쩌면 갯닦이는 지난 세기의 유물로 남을지 모른다. 문득 포항의 한 어촌에서 본 갯닦이가 떠오른다. 그곳에서는 가을이면 조간대에 놓인 갯

전남 진도군 조도면 독거도의 미역밭 물 주기. 물이 빠져 햇볕에 노출된 미역이 햇볕에 익는 것을 막기 위해 물이 들 때까지 마을 주민들이 돌아가면서 물을 줘 미역이 마르지 않게 한다.

바위는 말할 것도 없고 물속에 잠긴 갯바위까지도 깨끗하게 닦아낸다. 물론 바닷속 갯바위를 닦는 일은 해녀들이 맡는다. 바닷속 사정을 알지 못하면 작업을 할 수 없기 때문이다. 갯밭 주인이 따로 있다 해도 갯닦이를 하는 사람, 미역을 뜯는 사람은 전부 해녀다. 해녀들을 고용하면서까지 바닷속 갯바위를 닦아낼 이유가 있을까? 대답은 '있다.' 놀랍게도 갯닦이를 한 갯바위와 하지 않은 갯바위의 돌미역 생산량이 많게는 열 배까지도 차이

전남 신안군 가거도의 미역 건조.

가 난단다.

무엇보다 놀라운 장면은 진도 조도면 독거도 미역밭에서 보았다. 6월 초, 무더운 날이었다. 물이 많이 빠지는 때였다. 안행식 부부가 직접 만들었다는, 긴 자루를 매단 바가지를 들고 미역밭으로 향했다. 부부뿐 아니라 주민들 서너 명도 따라 나왔다. 미역밭에 물을 주기 위해서였다. 바다에서 자라는 미역에 물을 준다니, 직접 보기 전까지는 상상할 수 없었다. 밀물과 썰물에 따라 조간대가 바뀐다는 사실은 앞서 말했다. 독거도 돌미역은 조간대 상부에서 자라는데, 갯바위에 붙은 채 물이 많이 빠지는 사리를 맞으면 그대로 햇빛에 노출되는 것이다. 6월은 햇볕이 따갑기에 노출시간이 길어지면 미역이 마르거나 익어서 죽는다. 이를 막기 위해 미역밭을 돌아다니면서 물을 끼얹어주어야 한다. 바닷물이 들어올 때까지는 말이다. 여름철에 해 뜰 무렵이나 해질녘에 고추밭에 물을 주는 풍경과 닮았다.

이렇게 애지중지 가꾼 돌미역을 채취해 햇빛에 말린 다음, 한 가닥 한 가닥 모아 스무 가닥을 묶는다. 이를 한 뭇이라 한다. 지금은 중개상에 미역을 팔거나 택배를 통해 유통하지만, 옛날에는 직접 육지로 가져가 가가호호 방문을 하여 팔았다. 단골들이 있어 팔러 다니는 동네가 정해져 있었다. 진도를 비롯해 완도,

신안, 통영, 고성 등 돌미역을 채취하는 섬 주민들은 추석부터 구정까지 이렇게 미역을 이고 지고 다니면서 팔았다. 완도에서는 이를 '인꼬리' 나간다고 했고, 신안 가거도에서는 '섬돌이'라 했다. 미역을 팔아 쌀을 사고, 소금을 사고, 생필품을 샀다. 직접 팔러 다닐 수 없는 이들은 객주나 중매인에게 넘기기도 했고, 미역 철이 오기 전에 돈을 가져다 쓰고 채취한 미역으로 대신 값을 치르기도 했다. 절해고도 먼 섬에 미역밭이 없었다면 어떻게 생활비며 자식들 학자금을 마련했겠는가.

소유할 수 없는 바다, 가꾸어야 할 마을어장

02

득량만에 위치한 여다지마을, 한자로 수문리水門里라 한다. 여다지가 훨씬 정겹다. 전남 장흥군 안양면에 위치한 갯마을이다. 사자산과 일림산 자락을 타고 내려온 물이 여다지마을을 거쳐 득량만을 내려와 남해로 흘러든다. 득량만은 장흥, 보성, 고흥, 완도에 접한 내만이다. 이웃한 여자만과 함께 남서해 어패류의 인큐베이터 역할을 하는 바다다. 국가에서는 이런 곳을 수산자원보호구역으로 지정해 바다생물들을 보호하고 관리한다. 학교 주변에 어린이보호구역을 설정하듯이, 어장 주변에 수산자원보호구역을 지정함으로써 바다생물들이 안전하게 서식하고 치어를 낳아 기를 수 있도록 하는 것이다. 어족 자원이 갈수록 줄어들고 고갈되는 상황에서, 이곳은 갯벌생물의 '방주'와도 같다. 득량만에서는 키조개, 바지락, 꼬막, 가리맛, 낙지, 주꾸미, 꽃게 등이 많이 나며, 매생이와 김 양식이 활발하다.

여다지 바닷가는 소설가 한승원의 문학작품에 자주 등장하는 곳이기도 하다. 그도 그럴 것이, 이곳에 작업실을 마련해 작품 활동을 하고 있기 때문이다. 이웃한 회진면 덕도가 고향인 바닷가 사람이다. 산책로에 세워진 한승원 문학비를 뒤로하고 물이 빠진 갯벌에 내려섰다. 가을 주꾸미를 잡기 위해 어구를 손질하는 부부, 호망을 갈무리하는 어부 사이에 마도요 10여 마리가 내려앉았다. 마도요는 도요새 중에서도 몸집이 아주 큰 편인데, 부리가 길고 안쪽으로 완만하게 구부러져 있다. 이 긴 부리로 갯벌 구멍 속에 숨어 있는 칠게나 지렁이를 잘 찾아 먹는다. 칠게나 지렁이는 갯벌이 건강한 곳에서 서식하는 갯벌생물들이다. 이들이 서식하기 위해서는 먹이사슬이 잘 유지되어야 한다. 요컨대 마도요가 내려앉는다는 건 갯벌이 그만큼 건강하고 생물이 다양하다는 증거다.

이곳에서 집을 알아본 적이 있다. 바다를 볼 수 있고 해변을 거닐 수 있는 집에서 살고 싶어 전국 바닷가를 돌아다니다 발견한 곳이 여다지마을이었다. 집이 마음에 들어 부동산에 시세를 물었는데, 깜짝 놀랄 액수였다. 비쌀 것이라 생각하기는 했지만, 너무 비쌌다. 도시나 농촌 부동산은 땅값이며 건물을 쌓는데 든 비용, 개발 가능성 등을 고려해서 값이 매겨진다. 이런 원칙을 적용하면 낡은 집에 땅값도 싸고 개발 가능성도 적은 어촌 집값은 헐값이어야 한다. 그런데 왜 이렇게 비싼 걸까. 이유는 나중에 설명하고, 일단 갯벌로 들어가자.

이곳 갯밭에는 특이한 점이 있다. 운동회를 할 때 운동장에 흰 석회가루로 달리기 선을 그어놓듯이, 해안에서 바다까지 돌이나 나무기둥을 세워둔 것이다. 모든 갯밭에는 어김없이 어른 무릎까지 오는 길이의 나무 막대기가 줄지어 박혀 있었다. 꼭 고추 줄기가 쓰러지지 말라고 세워놓은 지지대 같다. 이 나무기둥은 갯밭을 마을 가구 수만큼 나누어 구획 지은 것이다. 구분선인 셈이다. 이렇게 나뉜 갯밭은 전부 같은 크기다. 즉 집집이 같은 규모의 바지락밭을 갖고 있는 것이다. 당연히 나무기둥 너머 남의 갯밭에서는 바지락을 캘 수 없다. 이는 남의 밭에서 고추를 따거나 감자를 캐는 것과 같다. 오래전부터 마을 주민들은 회의를 통해 갯밭을 나누고 관리했다. 어촌계의 규칙이다.

나무기둥을 세워 각자에게 배분된 개인 갯밭만이 아니라 마

전남 장흥군 안양면 수문리 갯벌. 가구별로 똑같은 면적으로 나누어 바지락 농사를 짓고 있다.

을 공동 갯밭도 있다. 이런 갯밭을 벌교에서는 '방천'이라고도 한다. 개인 갯밭이야 필요할 때 가서 캐면 되지만, 마을 공동 갯밭에서는 정해진 날 다 같이 모여 바지락을 캔 다음 똑같이 나누거나, 정해진 양만 캐야 한다.

지금은 개인이 독점해서 이용하는 갯밭도 애초에는 공동어장이었다. 이런 마을 공동어장은 해양학 용어를 빌려 말하자면 조간대의 일정 부분이며, 「습지보전법」을 적용해 말하자면 습지, 특히 연안습지에 해당한다. 이곳을 어민들은 '우리 지선' 혹은

'지선 어장'[1]이라고도 한다. 이 지선 어장을 둘러싸고 이웃 마을과 심한 '지선 싸움'을 벌이기도 했다. 농촌에서 논밭이 그렇듯이, 어촌에서 마을어장은 어민들 생계에 직결된 문제였다. 마을어장을 어떻게 이용할지를 놓고 회의도 많이 하고, 이견이 많아 다툼도 일었다. 이웃 마을이라 해서 예외였겠는가.

이때 '우리'에 해당하는 어민들을 '지선 어민'이라 한다. 외부인은 말할 것도 없고 마을 주민 중에도 '우리'에 속하지 않는 이들이 있다. '우리' 범주에 들어가는 것은 매우 어려운 일이다. 지금도 마을어장의 경제적 가치가 높은 어촌은 입회 절차가 까다롭거나 입회금(입어금)이 무척 높다. 기존 계원 중에서 이사나 개인적인 이유로 포기하는 이가 생겨야만 가입할 수 있는 마을도 있다. 심지어 외지인을 전혀 받아들이지 않는 곳도 있다. 언뜻

1) 지선 어장이라는 개념은 일제강점기 들어온 것이다. 이는 '지선 어장 지원주의地先漁場 地元主義', 즉 마을어장은 지역 어민들이 이용한다는 원칙으로, 메이지유신 이후 일본 어업법의 근간이었다. 일제강점기에 이를 조선에 적용할 때, 한국 어민들의 이익을 위해서라면 동일하게 '지역 어민의 공동이익 증진을 위해'라는 규정을 적용해야 하지만, '어촌의 유지 또는 경영을 위해'라는 규정으로 바꿨다. 그 결과 1904년 일한통어규칙 개정으로 모든 조선 바다 통어가 가능한 일본 어민이 합법적으로 어업 활동을 할 수 있게 되었다. 결국 어업법의 근대화라는 목적은 '수산업 근대화와 한국민 권익보다는 일본 이주 어민과 통어민을 보호하고 장려'하는 결과를 초래했다. 오창현, 〈地先漁場 地元主義'의 성립과정에 대한 역사적 고찰〉, 《중앙민속학》 16, 2011, pp. 85-107.

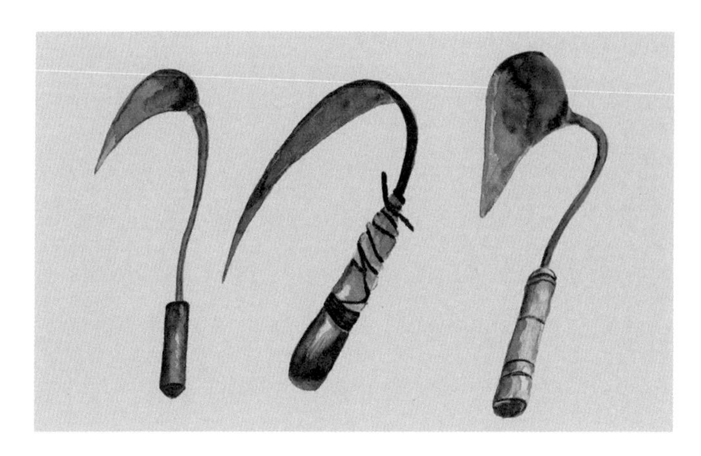

마을어장의 기본 어구는 호미이며, 갯벌의 성질에 따라 호미의 모양과 크기다 다르다.
(왼쪽부터) 제주 호미(바지락 채취), 인천 송도 호미(모시조개 채취), 완도 호미(바지락 채취).

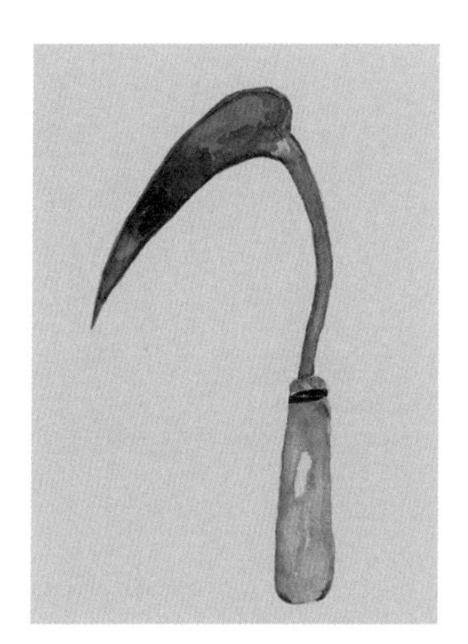

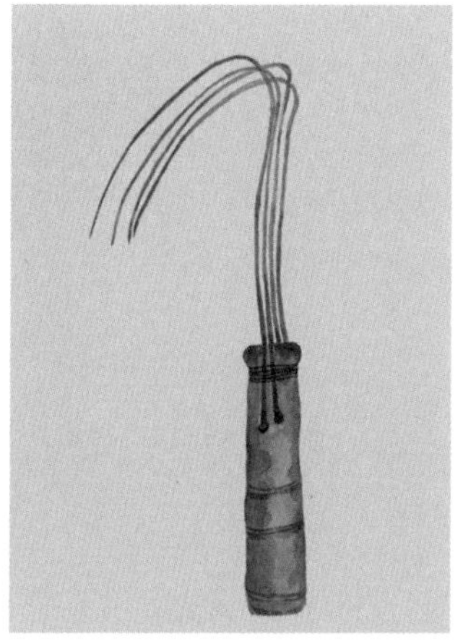

(왼쪽부터) 대부도 호미(낙지잡이), 갈퀴(바지락 채취).

무척 폐쇄적으로 보이지만, 여기에는 나름대로 이유가 있다. 바닷물은 끊임없이 흐른다. 여기까지는 내 땅, 여기부터는 네 땅이라고 금을 그어놓고 각자 원하는 작물을 키울 수 없는 환경인 것이다(물론 농촌에서도 농약이나 종자가 바람을 타고 들어와 곤란을 겪곤 한다). 다양한 조류와 물때, 변화무쌍한 해양생태에 적응하면서 어장을 살펴야 한다. 게다가 이용할 수 있는 자원도 제한적인데, 성원이 증가하면 몫이 줄어들 수밖에 없다. 해서, 자식이 결혼해서 마을에 정착해도 가입 절차를 거쳐야 어촌계원이 될 수 있다. 장남은 아버지 몫을 승계하도록 규정한 마을도 있다. 단지 마을에 이사 와 거주한다고 해서 권리를 줄 수 없다는 것이 많은 어민의 생각이다.

여다지 바닷가의 경우, 공동어장이었던 이곳을 어민들이 바지락이 잘 자라는 갯밭으로 일구었다. 큰 돌은 골라내고 작은 돌과 모래를 넣으면서 바지락이 잘 자랄 수 있는 환경을 만든 것이다. 이렇게 규모가 조금씩 커졌을 것이다. 관심을 갖는 주민들이 늘어나면서 다툼이 일어나기도 하자 어촌계에서는 회의를 통해 갯밭을 똑같은 크기로 나누었고, 마을 총회에서 추첨을 통해 개인 갯밭을 지정했다. 처음에는 몇 년에 한 번씩 갯밭 추첨을 했지만, 바지락밭에 종패를 뿌리고 모래를 넣는 등 비용이 들어가면서 점차 한 개인에게 고착되었다. 어촌계원에 한해 개인 갯밭이 분배됐기에 새로 이주해 온 사람들은 어촌계에 가입하지 않으면 갯밭을 이용하기 어렵다. 어촌계원이 되려면 우선 집을 사야 하고, 어촌계 가입금을 내야 한다. 이렇게 일정한 자격을 갖춰야만 마을 공동 갯밭에 대한 권리를 얻는다. 집값이 비싼 이유가 바로 이 때문이다. 집에 갯밭에 대한 권리가 함께 묶여 있는 것이다.

하지만 개인 갯밭이라고 해서 육지의 논밭처럼 마음대로 처분할 자유는 없다. 소유자가 자유롭게 사거나 팔 권리를 갖는 것을 '배타적 소유'라 한다. 집이 그러하듯이, 사거나 파는 것은 물론 자식에게 물려줄 수도 있다. 그런데 어촌에서는 다른 셈법이 적용된다. 개인이 소유하는 집과 마을 주민들이 공유하는 갯밭이 결합되기 때문이다. 마을에 집을 사지 않고 갯밭만 살 수는 없다(물론 이용할 수도 없다). 마을 주민이 된다는 것은 갯밭을 가질 수 있는 최소한의 조건을 갖추는 것이다. 그런 다음 마을 회의를 거쳐 어촌계원으로서 승인을 받아야 한다. 전자가 필요조건이라면, 후자는 충분조건인 셈이다. 여다지마을처럼 갯밭에 대한 권리를 가진 주민이 이사를 가기 위해 집을 팔 때 갯밭이 묶여 함께 팔리는 경우도 있지만, 집만 팔고 갯밭에 대한 권리

섣달 엄동설한에도 밝은 표정으로 마을어장에서 감태(가시파래)를 뜯는 것은 설 명절에 고향에 돌아와 감태지를 맛있게 먹을 자식 때문이다.

는 어촌계로 귀속되는 마을도 있다. 둘 중 어느 쪽이든 갯밭이 발달한 어촌에서는 집값이 비싸다.

마을어업이란 무엇인가

땅은 개인이 소유할 수도, 공동으로 소유할 수도 있다. 공동으로 소유하는 방식에는 세 가지가 있는데, 공유, 합유合有, 총유總有가 그것이다. 공유야 익숙하겠지만, 합유나 총유는 아마 낯선 단

어일 것이다. '합유'는 각 공동 소유자가 소유물에 대하여 일정 한 몫을 차지하나, 공동 목적을 위한 통제에 따라야 하며 단독으로 혹은 자유로이 이를 처분할 수 없는 공동 소유 형태다. 여럿이 조합체로 땅이나 물건을 소유하는 것이다. 각자 지분은 인정되지만, 지분 양도가 제한되고 조합관계가 종료될 때까지 분할 청구를 할 수 없다.

한편 '총유'는 소유물을 관리하고 처분할 권리는 공동체에 속하지만, 그것을 어떻게 사용할지 결정하거나 거기서 나는 수익을 가져갈 권리는 각 구성원에게 속하는 공동 소유 형태다. 총유는 세 가지 공동 소유 방식 중에서도 공동체성이 가장 강하며, 게르만적 공동체의 소유관계에서 비롯된 것이다. 이는 자급자족적인 폐쇄적 사회 구조 속에 구성원의 공동 이익을 추구하는 소유 구조로, 혈연이 아니라 공유자원의 공동성을 매개로 결합된다. 봉건사회에 공유지(토지)를 기반으로 결합된 공동체에서 비롯된 것이다. '공유' 형태에서는 관리·처분·사용·수익이 공동 소유자 모두에게 나누어져 독립되고 자유로우며, 이들 공유자에게 인적 결합이나 공동체적 통제가 없는 반면(때문에 다른 공유자의 동의 없이 자신의 공동 소유권을 양도할 수 있다), 총유는 관리·처분이 구성원 전체에 속하고, 사용·수익은 구성원에 귀속된다. 공동 소유자가 하나의 단체로 결합되어 있다. 마을어장이 바로 총유 형태다. 때문에 어촌에서는 1년에 두 번, 정월과 8월에는 꼭 마을 전체 회의를 열어 어장 이용 방식을 논의하고 연말 결산을 한다.

어민의 삶에서 마을어장이 차지하는 비중이 그만큼 컸다. 외지인들에게는 높은 진입장벽을 세우지만, 주민들에게는 한계 수용력을 고려한 '지속 가능한 이용'의 측면도 있다. 그것이 마을어장의 양면성이자 양가성이고, 마을어장의 역사이고 현실이다. 마을에서 정한 규칙을 어기면 입어 권리를 박탈당했다. 제주에서는 해녀들이 미역 금채 기간을 어기거나, 남서해안에서 갯벌 어장(이를 '개포'라고 한다)을 열지 않는 시기에 김, 미역 등 해조류나 홍합, 바지락, 소라 등을 채취하면 입어권을 박탈했다. 마을어장을 이용할 권리를 가지고 있어도 마을 회의에서 채취를 허가하지 않으면 들어갈 수 없었다. 이렇게 미역이든, 가사리든, 톳이든 채취 결정을 하는 것을 남서해에서는 '영을 튼다'고 한다. 영은 '令'을 의미한다. 마을이 정한 법령이고 이에 준해서 허가한다는 의미이며, 마을 이장이나 어촌계장이 마을 회의에서 결정된 채취 날짜를 주민들에게 알린다는 의미다. 어떤 어촌에서는 도둑질을 했을 때에도 마을어업에 참여할 수 없게 했단다. 마을어장은 중요한 생계수단이었으니, 좁게는 '생존권 박탈'

이자 마을 구성원으로 인정하지 않겠다는 '생활권 박탈'이었다. 때문에 마을에서 정한 규칙은 주민들에게 제도나 법보다 더 강한 구속력을 가졌다.

이런 규칙 중에서도 조금 독특한 것을 하나 예로 들어볼까 한다. 완도군 한 섬마을에서는 마을 공동어장을 분배하는 기준 중 하나로 가족 수를 고려했다. 농사지을 땅은 부족해도 김 값이 좋아 김 양식이 가장 큰 소득원이었던 시기다. 1960년대 후반에서 1970년대 초반쯤이다. 도시나 공장으로 나간다고 해도 일자리가 충분치 않았다. 더욱이 이주가 쉬운 일이겠는가. 한 가구에 거주하는 가족이 적게는 대여섯 명, 많게는 열 명이 넘었다. 보통 어촌계에 가입해 마을 공동어장을 이용할 수 있는 권리를 획득하면, 처음에는 기존 주민들보다 작은 규모의 어장을 분배받는다. 하지만 나중에는 똑같은 규모의 어장을 분배받게 된다. 섬살이 자체가 권리를 확장해나가는 과정인 것이다. 그런데 이 마을에서는 이러한 조건 외에 가족 수를 변수로 고려했다. 단순히 산술적인 평등을 넘어 실질적인 평등을 추구한 것이다.

소유가 시작되면 갯벌생태계가 무너진다

「수산업법」에 따르면 마을어업은 "일정한 구역에 거주하는 어

전남 완도군 보길면 예송리 마을 공동어장.

업인의 공동 이익을 증진하기 위해 시장·군수 혹은 자치구 구청장의 면허를 받아 일정한 수면을 구획하여 패류나 해조류 등 정착성 수산동물을 관리·조성하여 포획·채취하는 어업"을 말한다. 마을어업권은 해당 마을 어촌계, 영어조합법인, 지구별수산업협동조합에만 면허되며,[2] 어촌계 총유로 규정하고 있다. 즉 마을어업권은 권리를 분할하여 개인이 처분할 수 없고, 개인이 권리를 상실하더라도 어촌계에 귀속된다. 어업 면허에 있어 어촌계 구성원에게 특례를 두는 것에 대해 「수산업법」은 "일정한 지역에 거주하는 어업인의 공동이익을 증진하기" 위함이라고 한다.

그런데 최근 어촌에는 다양한 이해당사자들이 나타나고 있다. 갯벌과 바다가 공공재라는 인식이 높아졌기 때문이다. 이들 이해당사자는 어민, 지역 주민, 시민, 지역, 국가만이 아니다. 철새와 바닷물고기도 이해당사자로서 주목해야 한다. 어민들이 생업으로서 어업 활동을 지속해나가기 위해서는 이런 변화에 대한 인식이 공유되어야 한다. 공동체가 아니라 특정 개인이나 기업, 기관이 독점하는 소유 방식은 어촌에만 해를 끼치는 것이

2) 면허 범위는 강원, 경북, 제주에서는 평균 수심 7미터 이내, 그 밖에는 평균 수심 5미터 이내의 수역으로 정해진다.

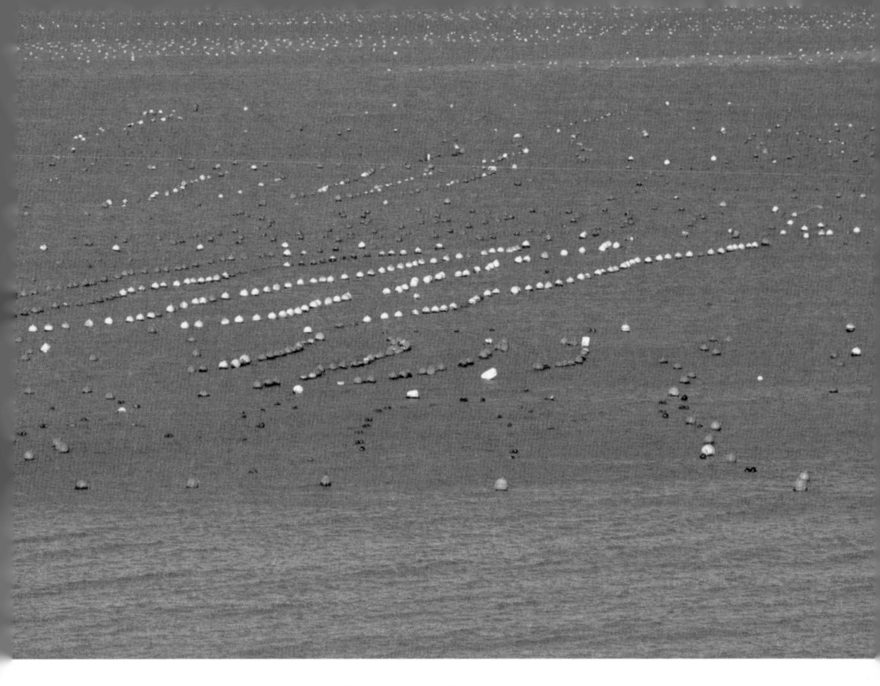

미역과 다시마를 양식하는 마을어장.

아니라 바다생태계에도 큰 피해를 입힌다.

뭍의 생태계만이 아니라 바다생태계도 경쟁을 한다. 이 경쟁을 건강하게 만드는 것은 다양성이다. 만약 이 다양성이 무너진다면 어떻게 될까. 김 양식을 많이 하는 바다는 김에 필요한 영양분이 부족할 수밖에 없다. 양식을 하는 이로서는 김이 잘 자랄 수 있게 영양분을 추가로 공급해야 한다. 바다가 자연스럽게 영양분을 제공하는 시스템이 제 역할을 다하지 못하기 때문이다. 어떤 바다에 특정한 어류만 집중적으로 양식할 때, 이는 플랑크톤이나 먹이 부족으로 이어지고 결국 인공 사료를 사용해야 한다. 문제는 그다음이다. 인공 사료는 양식 어류가 채 다 먹기도 전에 바다 밑으로 가라앉는다. 더욱이 양식업을 하는 이들은 사료비며 인건비를 줄이기 위해 짧은 기간 동안 물고기가 크게 자라게끔 먹이나 기술이 개발되기를 원하고, 기업은 이를 상품으로 만들어낸다. 전형적인 공장형 축산이 바다에서도 생겨나는 것이다. 연안이 공장형 양식장으로 바뀌면서 바다생태계를 위협하고 있다. 대규모 축산이 배출하는 폐수가 하천을, 하천 생태계를 무너지게 하듯이. 많은 개개인이 시도하는 양식업도 규모가 커지면서 대책이 마련되고 있는데, 하물며 기업이 양식업에 뛰어들면 정말 심각한 문제가 불거질 수 있다. 실제로 몇 년 전 「갯벌양식어업의 육성 및 지원에 관한 법률안」(「갯벌어업선진화법」이라고도 한다)이 발의된 적이 있다. 그 골자는 민간이 마을어업을 할 수 있도록 「수산업법」을 개정하자는 것이었다. 여기서 민간은 곧 기업을 말한다(지금은 어민들만 마을어업의 주체가 될 수 있다). 태안에서의 기름 유출 사고로 어업이 타격을 입으면서 이를 회복하고 활성화하기 위해서는 민간기업의 참여를 유도해야 한다는 이유에서였다. 다행히도 이 법은 회기가 지나 자동 폐기되었다. 실제로는 암암리에 추진하려던 입법을 어민들이 알고 시민사회가 알게 되면서 강력한 문제제기가 이루어져 무산된 것이다. 기업 입장에서는 이윤 추구를 위해 더 싼값에, 더 빠른 속도로 물고기를 길러내야 한다. 이 과정에서 바다생태계가 받는 영향은 (육지에서와 마찬가지로) 화학적인 방식을 동원해 처리하려 들 것이다. 이뿐만이 아니다. 어민들이 운영하는 소규모 양식업에도 영향을 미칠 수밖에 없다. 대형 마트가 들어서면서 골목상권이 무너졌듯이, 어민들의 생계도 위협받을 수 있다. 연안의 마을어업이 대규모 산업으로 전환됐을 때 발생할 문제는 어촌 공동체의 지속에도 부정적인 영향을 끼칠 수 있다.

애초에 바다가 육지에 비해 생물다양성이 뛰어난 것은 인간에 의해 소유될 수 없는 자연이었기 때문이다. 마을어장이 경제적·사회적·생태적으로 지속될 수 있었던 것도 공동 소유, 그것도 개인에게 처분할 권리를 주지 않았기 때문이다. 하지만 점차 자본이 밀려들어오고 있다. 이미 기업형 양식이 들어왔고, 민간기업이 마을어장마저 탐내고 있다. 경제성이 주된 이유다. 경제적 가치는 늘 인간, 그것도 측정 가능한 것만 고려 대상이 된다. 바다는 갯벌생물의 서식지로서 또 지구생태계를 유지하는

데 큰 역할을 하지만, 이런 가치는 셈할 수 없다는 이유로 제외된다. 수산물 채취만이 아니라 어촌과 섬의 존재에 바다와 갯벌이 얼마나 중요한 역할을 하는지도 무시된다. 갯벌이 육지와 바다의 완충지로서 재해를 예방하거나 환경을 정화하는 역할, 심미적 역할까지 한다는 것도 제외된다. 갯벌과 바다의 다양한 가치와 생태계 유지 기능을 인정할 때에야 경제적 가치도 지속되고 높아진다. 마을어장이 '사유'가 아니라 '공동체 소유'가 되어야 하는 이유다. 나아가 마을어장이 어민만이 아니라 갯벌생물과 물새와도 나누는 '갯벌 공동체'임을 인식해야 한다. 이는 비단 어촌에만 해당하는 이야기가 아니다. 도시민들 역시 갯벌과 바다가 어떤 공간인지, 어떻게 이용되어왔는지 공감할 필요가 있다. 이는 귀어귀촌자가 늘어나는 상황에서 특히 중요하다.

진입장벽인가 공동체 규제인가

물론 어촌이 고령화됨에 따라 마을어장을 관리하고 이용할 사람을 필요로 하는 마을도 생겨나고 있다.[3] 또 바닷가 마을로 귀촌해 바지락이나 해초를 뜯으며 소일거리를 하고 싶은 사람도

3) 〈[어촌이 늙어간다] 어민 10명 중 6명이 60대 이상 '어업의 위기'〉, 《서울신문》, 2018. 4. 8.

늘고 있다. 본격적으로 수산업이나 양식어업을 목적 삼아서가 아니라 단순히 어촌살이를 위해 귀촌하는 사람도 갯밭을 이용하고 싶어한다. 하지만 현행 「수산업법」이 규정하는 어촌계원 자격을 얻지 못하면 이는 불가능하다.

가끔 해안을 거닐거나 해안도로를 따라 운전을 하다 보면 갯벌이나 바다에 들어가지 말라는 경고 표지판이 눈에 띈다. 이곳은 바지락·굴 양식장이니 함부로 채취하면 「수산업법」에 따라 벌금을 물거나 처벌을 받을 수 있다고 쓰여 있다. 이런 곳은 모두 마을어업을 하는 곳이다. 그런데 마을어장임을 알지 못하고 또 어촌에 대한 이해가 없으면, 바다는 공유지이니 '먼저 잡는 사람이 임자'라 생각하기 쉽다. 미국의 생물학자 개럿 하딘Garrett Hardin이 말한 '공유지의 비극'처럼 말이다. 지하자원이나 초원, 공기 등 공동체 모두가 사용해야 할 자원을 시장 기능에 맡겨두면 사적 이익을 위해 마구잡이로 사용하면서 고갈될 위험에 처한다는 것이다. 이런 우려를 경험으로 감지한 우리나라 어촌에서는 그 폐단을 막기 위해 '마을 규약' 혹은 '어촌계 규약'을 만들었다. 이는 어촌계에 가입하기 위해서는 가입비를 내고 일정 기간 이상 거주해야 함을 명시하고 있다.

최근 《서울신문》이 보도한 바에 따르면,[4] 2016년 말 어촌계

가입을 위해 가입비와 일정한 거주기간을 필요로 한 어촌계는 2,029곳 중 1,187곳으로 절반이 넘었다. 좀 더 구체적으로 살펴보면, 가입비는 100만~300만 원이 24.4퍼센트로 가장 높은 비율을 차지했다.[5] 비교적 적은 액수인 20만 원 이하가 10.3퍼센트를 차지한 한편, 500만 원을 넘는 경우도 11퍼센트를 넘었다(500만~1,000만 원이 6.5퍼센트, 1,000만 원 초과가 5.1퍼센트). 거주기간은 3~5년이 29.1퍼센트로 가장 높은 비율을 차지한 한편, 5~10년도 10.8퍼센트로 적지 않은 비율을 차지했다.[6] 이런 까다로운 가입 조건 때문인지 새로 어촌계에 진입한 주민은 기존 마을 주민이 가장 많고(45.6퍼센트), 자격을 승계한 경우가 16.1퍼센트, 어촌계원 가족이 9.2퍼센트였다. 이에 반해 귀어인은 13.9퍼센트에 그쳤다. 요컨대, 이미 마을 주민이거나 기존 주민에게서 자격을 승계하거나 가족이 아닌 이상 어촌계원이 되기는 매우 어렵다. 이 때문에 귀어인들은 어민들의 '텃세'가 강하다며 불만

4) 〈[어촌이 늙어간다] 갈등의 바다… "텃세에 귀어 포기" vs "어촌계 장벽 당연"〉, 《서울신문》, 2018. 4. 9.
5) 이어 50만~100만 원(19.1퍼센트), 20만~50만 원(13.5퍼센트), 300만~500만 원(11.5퍼센트) 순이었다.
6) 1년 이하는 21.7퍼센트, 1~2년은 11.6퍼센트, 2~3년은 25.6퍼센트, 10~15년은 0.7퍼센트, 15년 초과는 0.5퍼센트였다.

이 많지만, 어민들에게도 어민들 나름대로 고충이 있다. 앞서 말했듯이 마을어장은 어민들이 시간을 쏟고 비용을 들여 관리하고 가꾸어온 곳일뿐더러 갈수록 어획량이 줄어들고 있어 어족자원 증식이 절실한 형편이다. 귀어귀촌한 이들에게 곧바로 아무런 조건 없이 마을어장을 이용할 수 있는 권리를 주는 건 형평성이 맞지 않는 것이다.

정부에서는 최근 「수산업법」을 개정하기 위한 준비를 하고 있다. 어촌의 고령화와 과소화로 인해 어장 관리와 지속가능한 어업을 위한 후계 인력 양성을 위한 방안도 모색하고 있다. 어촌과 갯밭의 환경이 바뀌고 있다. 어민과 도시민 모두 이러한 변화에 대한 공감이 요구된다. 어민은 그동안 독점적으로 점유하고 이용해온 갯밭이나 어장이 공공재라는 사실에 공감하고, 도시민은 어촌을 유지하고 지속하기 위해 어민들이 쏟은 노력을 인정해야 한다. 이를 제도적으로 규정할 수 없어 정부도 그동안 '관행어업'이라는 형태로 어촌계나 어촌 자율의 규칙에 맡겨왔지만, 현재는 이에 대한 대책이 마련되고 있다.

전남 함평군 함평읍 돌머리 마을어장. 주민들이 굴을 채취한 후 나오고 있다.

바다의 맛

03

세계에서 연간 1인당 수산물 소비량을 보면 우리나라는 일본을 넘어 1위를 차지하고 있다.[7] 그것도 그냥 많이 먹는 게 아니다. 전 세계 1인당 평균 소비량의 세 배에 달한다. 더욱이 2025년에는 1인당 수산물 소비량이 10퍼센트가량 더 증가할 것이라고 하니,[8] 한국인들의 수산물에 대한 애정은 정말이지 대단하다. 수산물 섭취 선호도를 보면 고등어가 '국민 생선'이라 할 정도

7) 〈한국, 연간 수산물 소비량 세계 1위〉, 《한국일보》, 2017. 2. 12.
8) 〈세계 주요국 수산물 섭취량〉, 유엔 식량농업기구(FAO), 세계수산양식현황(SOFIA) 통계

로 압도적이며, 이어 갈치, 연어, 오징어, 조기, 게 등을 많이 섭취하는 것으로 나타났다.[9)]

그렇지만 이 많은 수산물들이 국내에서 생산된 것은 아니다. 우리가 먹는 수산물들은 대개 다른 나라에서 건너온 것이다. 식당에서 원산지 표기를 보고도 알 수 있겠지만, 대개 고등어는 노르웨이산이고 갈치는 세네갈산, 오징어는 중국산이다. 고등어 말고도 사람들이 많이 먹는 연어는 양식이다. 고등어, 연어, 새우 등은 대규모로 양식되어 들어온다. 밥과 김치가 밥상에서 밀려나듯, 우리 갯벌에서 채취하는 바지락과 김, 매생이 등은 젊은 사람들로부터 외면받고 있다. 요컨대 우리 어촌과 어민의 지속성에는 고령화와 해양환경 변화만이 아니라 점차 달라지고 있는 식문화도 큰 영향을 미친다.

철에 드는 음식, 바다 맛

가장 단순하고 원시적인 방법으로 인간이 단백질을 얻을 수 있

9) NSC(Norwegian Seafood Concil, 노르웨이 수산물 위원회), 〈수산물 소비 연구 2017〉, 이 자료는 한-노르웨이 공동 수산물 심포지엄에서 발표된 것으로, NSC가 지난 5년간 한국인 1,000명을 대상으로 한국 소비자들의 식습관과 수산물에 대한 태도 및 인지도를 조사한 결과다(https://norge.co.kr).

제주 한림수협 어판장에서의 갈치 경매.

는 곳은 어디일까? 그곳은 갯벌이요, 바다다. 때로는 맨손으로, 때로는 작은 호미 하나로도 식품회사나 제약회사가 야심차게 선전하는 알약에 비할 수 없는 영양분을 얻을 수 있다. 그뿐인가. 천일염도 갯벌에서 난다. 곳간에서 인심 난다 했던가. 갯벌에서는 '맛'이 난다. 한국의 전통 음식인 된장, 고추장, 김치, 젓갈 등 발효음식에 소금과 어패류가 큰 역할을 하기 때문이다.

세계 식량 공급에서 수산물이 차지하는 비중은 3퍼센트에 불과하지만, 단백질 공급원으로서 차지하는 비중은 15~20퍼센트에 이른다. 한국에서는 수산물이 전체 식량 공급에서 차지하는 비중이 10퍼센트로 매우 높은 편이다. 하지만 수산물 공급량은 한정적일 수밖에 없다. 어획량이 줄어들고 있다는 기사가 연일 오르내리는 가운데, 중국에서의 수산물 소비량이 급증하면서 수산물 부족은 더욱 가속화될 것으로 보인다. 이를 해결하기 위해 양식업이 크게 발전하고 있다. 세계 총 수산물 생산량 1억 9,572만 톤 중 양식 생산량은 1억 109톤으로, 절반이 넘는다(2014년 기준).[10] 양식이 아닌 어업은 1980년대 중반을 기준으로 정체 혹은 감소하고 있다.

10) 〈[그래픽] 국가별 수산물 생산량〉, 《중앙일보》, 2017. 1. 10.

그렇지만 모든 음식에는 철이라는 게 있다. 육지 음식과 달리 바다 음식은 인간의 힘으로 철을 바꾸는 것이 쉽지 않다. 갯벌에 유리온실을 만들 수도 없고, 수온을 높여 여름이 제철인 민어를 겨울에 잡을 수도 없다. 설령 제철이 지난 물고기를 잡는다 하더라도 제맛을 느낄 수는 없다. 제철에 잡은 바닷물고기는 맛이 좋기 때문에 찾는 사람은 많은데 어획량은 부족해서 값도 비싸다. 봄에는 주꾸미나 병어 값이 비싸고, 여름철에는 민어와 갯장어가 인기다. 가을에는 꽃게나 낙지 값이 높다.

2000년대 초, 우리 가족은 봄이면 부안 곰소에 모였다. 아버지 생신을 겸해 봄 주꾸미 파티를 벌였다. 우연히 그곳에서 가족 모임을 가진 후 만족도가 아주 높아 봄이면 곰소에서 만나는 게 연례행사가 되었다. 먼저 주꾸미회를 먹고, 이어 주꾸미 볶음을 먹고, 마무리는 주꾸미 머리(실은 몸통이다)를 삶아 거기 가득 찬 알을 먹었다. 다른 회를 주문할 필요도 없었다. 그러던 어느 해 봄이었다. 늘 가던 식당에서 주꾸미를 먹곤 다들 고개를 저었다. 옛날 그 맛이 아니라고 했다. 식당도, 주인도, 계절도 바뀌지 않았는데 맛이 어떻게 이렇게 다른지 의아할 정도였다. 의문은 시장에서 풀렸다. 곰소에 오면 으레 밥을 먹고 수산시장을 돌아보며 젓갈도 사고 눈에 띄는 건어물도 사곤 했다. 그곳에서

제철 수산물

봄: 새조개(서산·여수), 주꾸미(군산·곰소), 서대(여수), 재첩(섬진강), 볼락(통영), 숭어(가덕도·진도), 미역(기장)

여름: 밴댕이(강화), 오징어(속초·진도·흑산도), 미역(진도), 민어(임자), 갯장어(고성·여수·고흥), 자리돔(제주·욕지도·울릉도)

가을: 뻘낙지(무안·신안), 대하(태안·서산), 갈치(제주·목포), 전어(사천·광양·여수), 백합(주민도·볼음도·장봉도), 통발 낙지(장흥·사량도)

겨울: 도루묵(주문진), 양미리(거진), 과메기(포항), 가숭어(무안), 홍어(흑산), 방어(모슬포·삼척), 꼬막(벌교)

냉동 시설이 보급되기 전에는 생선을 오래 두고 먹을 수 있는 방법은 염장과 건조, 두 가지밖에 없었다.

요즘 곰소에 주꾸미가 잘 나오지 않아 중국산이 들어온다는 이야기를 들었다. 새만금 사업 때문인지 부쩍 주꾸미가 잡히지 않는다는 것이다. 그 뒤로 봄이면 곰소에 가던 발길은 멈췄고, 전통시장 현대화 사업으로 큰 건물이 지어져 시장 상인들은 그 큰 건물에 들어갔다. 이렇게 만들어진 시장으로 들어가면 맛도 변하는 것처럼 느껴지는 건 나뿐일까.

뭍에서는 계절을 봄, 여름, 가을, 겨울로 헤아리지만 바다에서는 겨울, 봄, 여름, 가을로 헤아려야 할 것 같다. 뭍에서 새순이 자라고 채소를 먹기 시작하는 것은 봄이다. 하지만 바다에서 나는 톳, 파래, 미역, 김, 매생이, 감태 등은 전부 겨울이 제철이다. 이 중 톳·미역·김 등은 갯바위에 붙어 자라며, 감태·파래는 갯벌에서 자란다(양식하기 이전을 말한다). 육지에서 채소를 뜯어 먹기 전에 바다에서 해초를 뜯어 먹었다. 이어서 뭍에 난 채소를 뜯어 먹었다. 바다와 뭍의 순환이다. 이후에는 회유하는 어류를 따라 북상하면서 물고기잡이가 시작된다. 섬에서 피기 시작한 꽃이 뭍으로 번져 북상하듯이. 때로 물고기들은 특정한 바다나 만, 갯벌에 머물며 알을 낳는다. 어린 물고기가 자란다.

겨울이 지나고 수온이 올라가면서 해초가 스러지면 바닷물고기가 연안으로 들어오기 시작한다. 봄을 대표하는 어종으로는 숭어를 빼놓을 수 없다. 숭어는 두 종류로 나뉜다. 겨울에 맛이 좋은 가숭어(참숭어라고도 한다)와 보리싹이 틀 무렵에 맛이 좋은 숭어다(때문에 보리숭어라고도 한다). 봄에는 보리숭어가 맛이 좋다. 여기서 염두에 두어야 할 것이 참숭어, 참소라, 참서대, 참꼬막 등에 붙는 '참'이라는 접두어다. 참은 보통 '진짜' 혹은 '품질이 우수한'이라는 뜻으로 쓰이지만, 수산물에 붙을 때는 해당 지역에서 가장 많이 잡히는 것을 뜻한다. 따라서 숭어는 보리숭어라고도 불리고, 가숭어는 참숭어라고도 불리지만, 지역에 따라 보리숭어를 참숭어라 하는 곳도 있다. 갯벌이 발달한 기수역汽水域(민물과 바닷물이 서로 섞이는 구역을 말한다)에 서식하는 숭어는 우리나라 모든 해역에서 나지만 연안 오염이 심각해 꺼리기도 한다. 옛날부터 영산강 유역의 숭어를 제일로 쳤다. 숭어 알로 만든 어란 역시 영산강 자락의 영암 어란을 최고로 꼽았다. 영산강이 방조제로 막히면서 더 이상 몽탄이나 영암의 숭어와 어란을 맛볼 수는 없지만, 인근 진도·해남·무안·신안의 숭어는 겨울철에 인기가 좋다. 특히 무안의 도리포 겨울 숭어는 우리나라 제1호 연안습지보호구역에서 서식하는 숭어다.

늦봄이면 목포, 신안, 영광 바다에서 병어가 나오기 시작한다. 영광의 법성포 및 염산 어시장, 신안의 지도읍 송도, 압해면 송

시장 골목이나 선창에 큰 함지박을 놓고 즉석에서 손질해주던 노포들이 하나둘 사라지고, 이제 규격화된 수족관을 갖춘 건물에 입주하면서 맛도 멋도 사라진 느낌이다.

공 어시장, 목포 어시장에 가면 물 좋은 병어를 구할 수 있다. 여름에는 민어와 농어가 제철이다. 살아서 못 하면 죽어서도 하는 복달임(복날에 보양식을 먹음으로써 더위를 물리치는 일)이 민어탕이라지 않은가. 민어는 전라남도 신안군 임자면에 있는 타리섬(대태이도) 일대에 파시가 형성될 정도로 많이 잡혔다. 이곳만이 아니라 인천 옹진군 굴업도 일대에서도 민어 파시가 형성될 만큼 많이 잡혔다.

민어나 병어는 물때에 따라 잡히는 양이 달라 값이 오르락내

리락하지만 제철에는 값이 낮아진다. 특히 병어는 싸고 맛 좋은 생선으로 유명했다. 하지만 지금은 아니다. 하루는 아는 중매인의 가게에서 병어를 사려는데 병어 값이 거의 금값이었다. 심지어 물 좋고 큰 생선은 구하기도 어렵단다. 중국에서 중매인을 통해 가격에 상관없이 좋은 물건은 싹 쓸어간다는 것이다. 사실 병어는 전라도 사람들이 즐겨 먹던 생선이다. 매생이가 그랬던 것처럼, 시장성은 없지만 맛이 좋아 주민들이 반찬으로 먹던 것이다. 로컬푸드며 웰빙이 주목을 받고, 바닷가로 여행 가는 이들이 늘면서 어부밥상, 섬밥상 등 지역 음식이 서울로 진출하기 시작했다. 덩달아 지역에서만 소비되던 식재료들 역시 소비량이 늘었다. 그런데 이제는 중국에서의 수산물 소비가 늘면서 수요가 급증하고 있다. 물때에 맞춰 싸게 사려고 많이 잡히는 시기에 시장을 나왔건만, 사정이 크게 바뀌었다.

제주에서는 자리돔과 함께 여름이 시작된다. 오뉴월이 제철이다. 자리구이, 자리젓, 자리회도 좋지만 자리물회가 유명하다. 모슬포, 서귀포, 보목 등에는 자리돔이 많이 잡히기로 유명한 포구가 많다. 특히 보목에서는 여름철이면 자리 축제가 열리며 직접 건져온 자리돔을 구입할 수도 있다. 자리물회 세 번 먹으면 겨울 감기 걱정이 없다고 할 만큼 제주에서는 여름철 보양식으로 인기다. 바닷가 사람들만 아니라 중산간 사람들도 여름철이면 바닷가 마을로 내려와 자리돔을 사서 젓을 담가 먹었다. 해안가 사람들은 자리돔을 잡으면 등에 이고 중산간 마을로 팔러 다니기도 했다고 한다. 수온이 상승함에 따라 이제는 욕지도·부산·통영 등 남해는 물론, 울릉도 등 동해에서도 자리돔이 잡힌다.

이번엔 남해로 가자. 남해에서는 여름이면 갯장어데침이 인기다. 갯장어가 많이 잡히는 시기이기 때문이다. 특히 여수, 고흥, 고성 일대에서 잡힌 갯장어가 유명하다. 장어는 갯장어, 뱀장어(민물장어), 붕장어, 먹장어 등이 있다. 뱀장어는 태평양 심해에서 산란해 어미가 사는 기수역으로 회유하는 신비한 어류로 민물에서 성장해 산란기에 바다로 간다. 어린 치어(실뱀장어)를 포획해 양만장(장어 양식장)에서 키운다. 붕장어로는 흔히 장어탕을 해 먹었고, 붕장어회(아나고회)는 고소하고 값도 싸서 즐겨 먹었다. 이들 장어는 모두 경골어류 뱀장어목에 속하지만 먹장어는 원구류 먹장어목에 속하며, 바다 밑에 생활하며 시력이 퇴화한 바닷물고기다. 다른 물고기에 붙어 살과 내장을 빨아먹고 사는 기생어류다. 부산 자갈치시장의 먹장어(꼼장어)구이가 유명하니 부산에 간다면 한번 먹어보시라.

가을에는 낙지, 전어, 백합이 난다. 가을 전어는 바닷가만이 아니라 도심 한복판 어딜 가든 먹을 수 있다. 많이 잡힐뿐더러 운송 시설도 잘 갖춰져 있기 때문이다. 하지만 전어를 직접 잡는 포구에서 먹어보면, 맛이 천지 차이다. 전어가 많이 잡히는 곳으로는 흔히 사천 어시장, 광양 망덕포구, 보성 율포 등이 꼽힌다. 백합은 불행하게도 마을어장이 무너지면서 밥상이 함께 무너진 경우다. 우리나라 백합 주산지는 말할 것도 없이 부안, 김제, 군산의 갯벌이다. 이곳을 '새만금 갯벌'이라 불렀다. 물론 새만금 사업이 추진되면서 붙여진 이름이다. 변산반도며 고군산군도 등 멋진 경관과 함께 맛볼 수 있는 백합탕, 백합죽, 백합구이 등은 많은 여행객에게 인기를 끌었다. 지금도 같은 음식을 맛볼 수 있지만, 백합은 더 이상 우리나라에서 난 것이 아니다. 중국산이다. 이제 우리나라에서 백합은 인천의 볼음도, 주문도, 장봉도 정도에서만 난다.

가을 낙지로는 무안과 신안이 유명하다. 연승어업[11]으로 잡는 낙지보다는 삽으로 파서 잡는 가래 낙지가 좋다. 연승어업의 경우, 낙지가 먹이활동을 하는 밤에 칠게나 작은 게를 미끼

11) 한 가닥의 긴 줄에 일정한 간격으로 가짓줄을 달고, 가짓줄 끝에 낚시를 단 어구를 사용해 낚시에 걸린 대상물을 낚는 어업을 말한다.

로 써서 잡는다. 반면 가래 낙지는 낮에 낙지가 숨어 있는 구멍을 찾아 갯벌을 파헤쳐 잡는 전통 어법이다(무안과 신안의 이 가래 낙지 어법은 국가중요어업유산으로 지정되기도 했다). 어떤 수산물로 유명한 곳이 흔히 그렇듯, 무안에는 낙지 골목이 있다. 낙지연포탕에서부터 낙지물회, 낙지호롱, 기절낙지 등 다양한 낙지 요리를 맛볼 수 있다. 무안읍내에 있는 낙지 골목을 비롯해 청계마을, 복길마을, 구로마을 등에서도 낙지 요리를 맛볼 수 있다. 무안군 망운면에는 갯벌낙지 직판장이 있다. 마을 어촌계가 각각 직판장을 갖고 운영하며 맛도 볼 수 있는 곳이다. 겨울 낙지로 유명한 곳은 장흥이다. 갯벌이 발달한 무안이나 신안에서는 겨울철이면 낙지들이 깊은 바다로 이동하기 때문에 낙지잡이가 어렵지만 장흥, 해남 등은 상대적으로 수온이 높고 수심이 깊어 겨울에 통발로 낙지를 잡는다.

겨울철 바다 맛은 단연 동해안이다. 곰치, 도루묵, 대구, 과메기, 도치 등은 전부 겨울이 제철이다. 동해에 군림하던 명태가 사라지자 그 자리를 재빨리 꿰찬 녀석이 바로 곰치다. 동해안에서는 김치를 넣고 시원하게 끓인 곰치탕이 유명하다. 곰치와 비슷한 물메기는 통영산이다. 특히 통영 시 추도는 겨울철 석 달 동안 물메기만 잡아 1년을 먹고살 정도다. 그야말로 물메기의 섬이다. 통영시에 속하는 추도, 사량도 사이의 바다는 물메기 산란장이어서 겨울철에 많이 잡히곤 한다. 한편 바다 은어라 불렸던 도루묵은 속초, 양양, 강릉 일대에서 흔히 먹었던 계절 음식이지만 냉동 기술이 발달한 지금은 사철 내내 내놓는 식당이 생겨났다. 대구는 사라질 위기에 처하기는 했지만, 지속적인 치어 방류 등 어족 자원 보전을 위한 노력으로 인해 진해만 일대의 겨울철 대표 생선으로 자리 잡았다. 특히 가덕도 대구, 거제 대구는 원산지를 놓고 다툴 정도로 대표적인 겨울 수산물이다. 대구탕, 대구조림, 건대구 등이 유명하다. 포항과 구룡포 과메기도 겨울철이 인기다. 작은 생선이 지역 경제를 움직일 정도로 시장이 커졌다.

통영 등 남해안 섬 지역은 봄꽃과 함께 먹을거리를 찾아보는 것이 좋다. 통영 사람들의 소울푸드라 할 수 있는 볼락 요리를 맛보려면 통영을, 도다리쑥국을 맛보려면 통영 두미도가 좋다. 두미도 바다에서 잡은 도다리에, 이른 봄 섬에 올라온 쑥으로 만든 도다리쑥국은 봄 맛을 한가득 품고 있다. 게다가 그 무렵이면 두미도는 동백이 만발이다.

바다의 '맛' 하면 생선 요리를 흔히 떠올리게 마련이지만, 나는 젓갈을 떠올리곤 한다. 갯벌과 바다에서 나는 것 중 젓갈로 담글 수 없는 것이 있을까. 전라남도 영광군 염산에 있는 '서해젓갈' 가게에서 팔고 있는 젓갈은 조개젓에서부터 엽삭젓(송어젓), 황석어젓, 민물토화젓, 오젓·육젓(새우젓), 멸치젓, 갈치젓, 줄무늬젓, 꼴뚜기젓 등 헤아릴 수 없이 많다. 칠산 바다에 맞닿아 있어 해산물이 풍부했던 곳이기 때문이다. 젓갈이 아무리 다양해

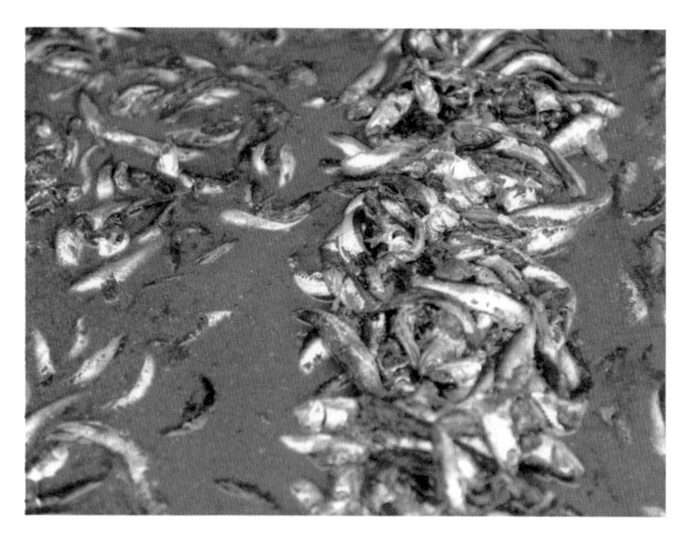

곰삭은 멸치젓.

도 대표는 역시 새우젓이다. 젓새우 어장은 인천·경기에서는 강화, 옹진 장봉도·용유도, 충남에서는 천수만, 전북에서는 곰소·위도 부근의 칠산 어장, 전남에서는 전장포·안마도·비치도·허사도 외해·칠발도 어장·도초도 및 우이도 근해·진도 조도 해역에 형성되어 있다. 이 중 인천·경기 지역 어장은 영종도에 인천국제공항이 건설되면서, 충남 지역 어장은 천수만 간척사업이 진행되면서 축소되거나 사라지고 있다. 전남 지역의 젓새우 어장은 연안 자원의 고갈로 인해 심해로 이동하고 있으며, 진도 조도의 서거차도 부근에 새로운 어장이 형성되기도 했다. 새우가 성장하는 곳은 풀등이라는 바닷속 모래언덕이다. 어민들은 이를 '풀치'라 하는데, 한때 지방자치단체 재원 확보 차원에서 추진되었던 해사 채취로 인해 새우 서식지가 파괴되어 어민들이 거세게 항의하기도 했다. 모래 채취를 둘러싼 갈등은 지금도 진행 중이다.

젓갈 이야기로 돌아가면, 발효음식으로서 조미료 역할과 간을 맞추는 역할까지 겸하는 것이 새우젓이다. 새우로 담근 젓을 백하白蝦젓이라고도 하는데, 젓을 담가놓으면 새우 색깔이 하얗다 해서 붙은 이름이다. 오젓이나 육젓이라는 이름은 각각 5월에 잡은 새우, 6월에 잡은 새우로 담근 젓갈이라는 뜻이다. 마찬가지로 3~4월에 잡은 새우로 담근 것은 봄젓, 가을에 잡은 새우로 담근 것은 추젓이라 하여 봄 중하젓·가을 중하젓으로 구분하는데, 오젓과 육젓을 최상품으로 친다. 5, 6월에 잡히는 새우가 육질도 빛깔도 가장 좋기 때문이다. 좋은 젓갈을 만드는 데 새우 못지않게 중요한 것이 소금이다. 소금 맛을 결정하는 것은 갯벌인데, 좋은 갯벌에 바람과 햇빛이 잘 만나야 좋은 소금이 만들어진다. 그 시기가 바로 5월과 6월이다. 옛날에 오젓과 육젓은 너무 비싸 서민들은 쳐다보지도 못했단다.

오젓과 육젓은 고작 한 달 차이지만 크기도 육질도 다르다. 육젓은 오젓에 비해 색깔이 뽀얗고 탱글탱글한 육질이 씹힌다. 몇 년 전에는 커다란 한 통(300킬로그램)이 600만 원에서 800만 원이었지만, 지금은 1,000만 원을 넘어 1,400만 원에 팔리기도 한다. 새우젓으로 유명한 외포항이나 광천, 신안 송도항에서 육젓은 일반 새우젓의 서너 배 가격에 거래된다.

멸치젓도 주목해야 할 음식 중 하나다. 흔히 인천·충청 해안에서는 김장 담글 때 새우젓을 넣고, 전라도에서는 새우젓과 멸치젓을 모두 넣으며, 남해 연안 마을에서는 멸치젓을 넣는다. 모두 인근 연안에서 잡히는 수산물과 깊은 관련이 있다. 특히 남해 물건리의 중요 소득원 중 하나가 멸치액젓과 마른 멸치다. 물건리에서는 집집이 멸치액젓을 몇 통씩 담가놓곤 했는데, 이를 모아다가 마을 기업을 만들었다. 통마다 '어부림'이라는 이름표가 붙어 있다. 이 어부림 멸치액젓은 어간장이다. 어간장은 슬로푸드 '맛의 방주'에 등재되어 있다. 신선하고 인위적이지 않으며(good), 지역과 생태계에 악영향을 끼치지 않으면서(clean) 공정하고 지속 가능하게(fair) 생산된 음식을 철학으로 삼고 있는[12] 슬로푸드는, 이렇게 생산된 식재료와 그 식재료로 만든 음식을 소비하는 과정까지도 포함하는 개념이다. 흔히 '슬로푸드'라 하면 (한국어로 직역한 뜻 그대로) 오랜 시간을 들여 만든 음식이나 유기농 음식을 떠올리기 쉽지만, 이는 좀 더 넓은 의미를 지닌다. 슬로푸드의 바다 먹거리 운동이 바로 '슬로피시'다.

12) 국제슬로푸드한국협회(https://www.slowfood.or.kr/), '슬로푸드 철학' 중에서.

바다를 살리는 그물, 슬로피시

04

점심을 위해 전라도 작은 도시의 한 생선구이 집을 찾았다. "꽤 알려진 맛집"이라며 후배가 안내한 집이다. 이른 시간이지만 빈 자리가 없을 정도로 붐볐다. 겨우 자리를 잡고 메뉴를 보다 작은 글씨로 보일 듯 말 듯 적어놓은 원산지에 눈길이 닿았다. 갈치 세네갈산, 가자미 미국산, 새우 태국산. 국산은 달랑 조기뿐이다. 세계화 시대라지만 식재료의 세계화는 달갑지 않다. 우리 바다는 비어가고 밥상은 수입산 생선으로 채워지고 있다. 국산 생선조차 외국인 어부의 손을 빌리지 않으면 밥상에 올릴 수 없는 형편이다. 패스트푸드처럼 속도와 효율성에 매달려 달려온 결과다.

슬로푸드는 패스트푸드의 대명사인 햄버거에서 촉발되었지만, 그 의미망은 음식의 질을 넘어 삶의 질, 생명, 초월적인 삶이라는 철학으로 확산되고 있다. 활동 영역도 '슬로미트', '슬로투어', '슬로교육' 그리고 '슬로피시'까지 넓혀가고 있다. 그동안 음식에 영양학적으로 접근하던 것을 거부하고 생산 방식, 소비 방식, 삶의 방식으로 통합해 살펴보는 '미식학'을 지향하고 있다.

슬로피시, 어촌을 살린다

슬로피시는 우선 건강한 바다와 갯벌을 지향한다. 양식어업이라 해도 바다를 훼손시키지 않는 사료를 공급하며 건강하게 자랄 수 있는 환경을 제공했다면 슬로피시라 할 수 있다. 대규모 공장형 양식이나 GMO 사료로 키웠다면 슬로피시라 할 수 없다. 그렇다고 모든 자연산이 슬로피시인 것은 아니다. 치어나 산란을 앞둔 어패류는 피해야 하며, 좋은 환경에서 자란 어패류를 정당한 어법으로 잡아야 한다. 고용된 어민에게는 정당한 임금을 지불하고, 어부는 정해진 시기에 정해진 곳에서 허용된 양을 잡아야 한다. 소비자는 생선의 값을 치르는 것이 아니라 바다와 갯벌, 어촌과 어민의 삶이 지속될 수 있도록 가치를 지불해야 한다. 그리고 바다와 어부에 감사하며 정성을 다해 조리한 음식이라면 슬로피시라 부르기에 손색이 없다.

슬로피시는 단순히 어업이나 물고기 자체에만 주목하는 것이 아니다. 어촌과 어민의 삶의 지속을 지향하며, 소규모 어업과 전통문화를 간직한 어촌을 존중한다. 우리나라의 경우에는 '마을어업'과 '맨손어업'이 슬로피시에 가장 잘 어울리겠다. 마을어업은 앞서 말했듯이 어촌계에 가입한 마을 주민들이 공동으로 점유해 이용하는 어장이다. 맨손어업은 호미나 삽 같은 간단한 도구로 하는 어업이다. 삽으로 잡는 낙지잡이, 조새를 이용한 굴밭, 자연산 돌미역, 호미를 이용한 바지락밭 모두 맨손어업에 해당한다(동시에 마을어업이기도 하다). 이러한 슬로피시 운동은 인간만이 아니라 바다생물, 바다생물에 기대 살아가는 물새까지 주목한다. 일찍이 갯벌생물과 인간, 물새를 갯벌 공동체로 주목했던 우리의 '갯살림' 운동이 곧 슬로피시 운동이었던 셈이다.

잡는 그물에서 살리는 그물로

우리나라에서 가장 많이 소비되는 수산물 가운데 하나가 노르웨이산 연어다. 나는 즐겨 먹지도 않았지만 2017년 국제슬로피시대회에 참석한 뒤로는 그마저 끊었다. 당시 참석했던 맛 워크

숍 주제가 '연어를 계속 먹어야 하는가, 대안은 없는가'였다. 결론부터 말하자면, 연어를 먹는 것을 멈춰야 한다. 닭이나 돼지 부산물로 만든 사료를 먹여 안전한 양식이라고 볼 수 없을뿐더러 그렇게 먹인 사료에 비해 얻을 수 있는 연어 양이 적절하지도 않기 때문이다. 이에 더해 소비자들이 선호하는 선홍빛 연어를 만들어내기 위해 색을 입히는 인위적인 방식을 거친다. 이러한 연어 양식은 사람만이 아니라 주변 바다도 심각하게 오염시키고 있다.

2017년 국제슬로피시대회 주제는 '우리는 그물입니다we are the net'였는데, 인간은 모두 상호 연결된 구조의 일부라는 의미다. 이때 '그물'은 어구가 아니라 물, 토양, 미생물, 어부와 소비자 관계가 촘촘하게 얽혀 있는 망으로, 바다와 어촌과 어민을 살리는 그물을 말한다. 슬로피시가 지향하는 연결망 운동을 잘 보여주는 메시지다. 이러한 슬로피시대회는 짝수 해에는 이탈리아 토리노에서, 홀수 해에는 제노바에서 열리며, 전통 지식의 자원화, 미각 교육, 음식 다양성 보전 방안을 주제로 다양한 행사를 개최한다. 맛 워크숍과 슬로피시 생산지 견학 프로그램, 참가한 나라들의 슬로피시를 맛볼 수 있다.

텅 빈 바다, 끝이 있는 바다

지난 50년간 우리 바다에서 큰 물고기의 90퍼센트가 사라졌다. 동해에서는 명태가 사라졌고, 서해에서는 조기가 사라졌다. 자연산 대구, 민어, 농어도 귀한 생선이 되었다. 우리 밥상에는 이제 외국에서 수입된 물고기나 '잡어'라 불렸던 생선들이 오른다. 왜 이렇게 된 걸까? 그동안 우리가 즐겨 먹었던 알배기 생선은 물론, 충분히 자라지도 않는 물고기를 마구 잡아낸 탓이다. 하지만 그 책임을 '기후변화'와 '수온 상승'에 떠넘기고 있다.

게다가 어패류들이 건강하게 자라야 하는 바다 숲이나 갯벌을 얼마나 많이 훼손했는가. 해양생물들이 자랄 수 있는 갯벌을 보전해야 하고 바다 숲을 가꿔야 한다. 바다식목일을 정한 것도 이런 이유에서다. 인간이 이용할 수산물을 비롯한 바다 자원은 유한하다. 한 번 무너진 생태계를 다시 회복하는 것은 어렵거나 불가능하다. 수많은 예산을 투입했던 명태 복원을 포기한 것도 수온 때문만은 아니었다. 바닷물고기는 임자가 없으니 먼저 잡은 사람이 임자라는 생각도 약탈어업을 부추긴다. 지구온난화라는 문제 이전에, 남획과 약탈어업을 멈춰야 한다.

어부만의 문제가 아니다. 취미 삼아 한다는 낚시가 더 큰 문제다. 사실 낚시야말로 지속 가능한 어업이라 믿어왔다. 그런데 옹진군 문갑도에서 만난 한 어민이 "그물은 씨를 말리지 않아도 낚시는 씨를 말린다"고 말하는 게 아닌가. 처음에는 무슨 뜻인지 이해하지 못했다. 그물이 더 많이, 더 작은 고기까지 잡지 않는가. 하지만 주꾸미 낚시를 하고 나서 연안 부두로 들어오는 낚시꾼들을 보면서 고개를 끄덕였다. 이제 물고기를 잡는 사람은 '어부'가 아니라 '낚시꾼'이다. 어민 수는 채 10만 명도 유지하기 힘들지만, 낚시 인구는 700만, 800만 명을 헤아린다. 그들이 잡는 물고기가 시중에 유통되기까지 한다. 어민들과 달리 규제할 수 있는 법안도 없다.[13] 그물어업은 일정한 지역에서만 이뤄지지만 낚시는 바다든 섬이든 가리지 않는다. 심지어 무인도까지도. 금어기와 계절도 가리지 않는다.

이를 부추기듯 우리나라 모든 어촌 지역 수산물 축제는 물론 내륙 지역 축제에서도 맨손으로 물고기 잡기 체험을 하고 있다. 잡은 물고기 혹은 양식한 물고기를 가져와 대형 수족관에 넣어두면 사람들이 맨손으로 잡는 것이다. 바다에서 그물에 잡혀 죽지도 못하고 다시 수족관에 갇혀 놀잇감이 된 뒤에야 겨우 '죽을 수 있는 운명'이다. 어촌체험마을의 모든 프로그램도 잡는 체험

13) 해양수산부, 〈혁신TF내부자료〉, 2018

이 중심이다. 바다와 갯벌의 가치를 나누는 교육은 찾기 어렵다.

바다를 살리는 밥상을

2018년 여름, 20여 명이 전라남도 신안군 비금도로 '바다 맛 기행'을 떠났다(격월로 진행하는 슬로피시 여행 프로그램이다). 천일염이 주제였다. 물메기 철에는 통영 추도로, 백합 철에는 옹진 주문도로, 꼬막 철에는 벌교 장도로 여행을 갔다. 제철에 지역색이 강한 바다 맛을 찾아 도시민과 여행을 떠나는 이유가 있다. 우선 우리 바다의 실상을 공감하기 위해서다. 단순히 섬을 돌아보거나 어촌을 체험하거나, 아니면 유적지나 경관 좋은 명승지를 둘러보는 것이 아니다. 목적지는 어촌 마을이고, 만나야 할 사람은 어민이며, 눈을 맞출 것은 바다생물들이다. 두 번째는 어촌의 속살을 살펴보기 위해서다. 섬과 바닷가로 귀촌하려는 사람이 늘고 있다. 정부는 '1억 소득을 올리는 귀어' 같은 슬로건을 내걸면서 귀어를 독려하지만, 사실 어촌 생활은 쉽지 않다. 더욱이 기존 어민들과의 갈등도 적지 않다. 서로 기대가 다르기 때문이다. 이러한 갈등과 실망은 어촌에 대한 이해 부족에서 시작된다. 어촌은 도시는 물론이거니와 농촌과도 매우 다르다. 세 번째는 어민의 삶에 대한 존중이다. 물론 어촌에 하루 이틀 머문다고 해서 평생 갯벌과 섬을 지키며 살아온 주민들의 삶을 이해할 수는 없을 것이다. 다만 그 삶을 존중하는 계기는 될 수 있으리라 생각한다. 어촌 마을에 머물며 할 일 없이 배회하다 동네 주민들을 만나면 이야기를 나눈다. 간혹 바닷가로 따라 나서기도 한다. 쾌적한 숙소는커녕 민박집도 없어 마을회관에서 자기도 한다. 식당이 없을 때는 직접 조리도 한다. 그래도 기꺼이 만만찮은 비용을 지불하고 여행에 참여하는 것은 슬로피시 가치에 공감하는 이들이 있기 때문이다.

이와 함께 슬로피시에서 주목하는 것은 '맛의 방주'를 발굴하는 일이다. 맛의 방주는 사라질 위기에 있는 생물종을 보전하고 지키는 사업이다. '맛의 방주'에 등재되기 위해서는 '특징 있는 맛'을 가지고 있어야 하며, '특정 지역의 환경, 사회, 경제, 역사와 연결'되어 있어야 한다. 또 '소멸 위기에 처해 있고, 전통 방식으로 생산'되어야 한다. 우리나라에서는 100여 종이 '맛의 방주'에 등재되어 있다. 이 중 몇 가지만 꼽자면 태안 자염, 어간장, 울릉 손꽁치, 강진 토하, 감태지, 남해 낭장망 멸치, 제주 다금바리, 제주 오분자기, 칠게젓갈, 신안갯벌 천일염이 있다.

비금도 여행에서는 염전 길을 걷고 갯벌도 살폈다. 우리 천일염은 갯벌을 막아 조성한 염전에서 생산한다. 갯벌이 가장 많은 신안군 다도해에 많은 염전이 남아 있다. 커피 한 잔 값에도 미치지 못하는 소금 한 가마니를 만들기 위해 얼마나 많은 땀을 흘려야 하는지 직접 살펴볼 수 있다. 여름철에 비금도 일대에서는 황석어가 많이 잡힌다. 싱싱한 황석어와 천일염을 버무려 황석어젓도 만들었다. 여기에 황석어조림, 황석어튀김, 황석어를 갈아 넣어 만든 부침개를 안주 삼아 현지 막걸리를 마시면서 주민들과 이야기를 나누었다. 다음 날 아침 배 시간이 다가오자 다들 소금이며 황석어젓, 새우젓을 사느라 야단이었다. 나중에 택배 주문이 이어지고, 다시 찾아간 사람도 있었다고 한다. 슬로푸드를 주창한 카를로 페트리니Carlo Petrini는 "투표보다 포크가 더 혁명적이다"라고 말했다. 밥상이 바다를 살리고 어촌과 어민의 삶을 지속시킬 수 있다.

슬로피시 여행을 고집하는 것은 이런 이유에서다. 생산자와 소비자 간 연대의 끈을 마련하기 위함이다. 상표를 보고 사는 것이 아니다. 포장지를 보고 사는 것도 아니다. 중간 상인을 거치지 않고 직접 바다를 보고 마을을 보고 어민을 만나고서 결정한다. 소규모로 가정에서 생산하고 가공하는 맛을 지키는 것이 중요하기 때문이다. 여행을 하고 난 후 시장에서 꼬막을 만나고, 바지락을 볼 때 갯벌과 바다와 어민과 어촌을 떠올릴 수 있을

이탈리아 제노아에서 열린 2017 국제 슬로피시 페스티벌에서 숭어 어란을 보고 '영암 어란'인 줄 알고 깜짝 놀랐다.

것이다.

몇 년 전 이탈리아 리구리안 해안에 있는 슬로피시 마을을 방문한 적도 있다. 20여 가구가 협동조합을 만들어 작은 배로 가까운 바다에서 앤초비를 잡아 생계를 이어가는 마을이다. 해안 한쪽에서는 여행객들이 수영을 즐기는 한편, 한쪽에서는 어부들이 그물을 손질하고 잡은 생선을 판다. 도로를 건너 성 안쪽 마을로 들어서면, 그렇게 앞바다에서 잡아온 생선을 독특한 방식으로 조리한 음식을 맛볼 수 있다. 바다가 있어 어민이 있고,

어촌이 존속된다. 그곳을 찾는 여행객들은 이를 기꺼이 소비한다. 어민들은 수산물이 아닌 가치를 팔며, 여행객은 바다와 어촌의 가치를 구매한다. 이들의 관계는 과거의 생산자-소비자 관계가 아닌 공동 생산자로 자리매김한다. 슬로피시는 이렇게 서로 존중하고 지지하며 공감하고 이해하는 네트워크를 만드는 운동이다.

05 어촌 마을 축제, 갯제 부활을 꿈꾼다

봄, 여름, 가을, 심지어 겨울까지 우리나라 전역에서 지역 축제가 열린다. 각 지자체에서 추진하는 것이지만 내용은 별다를 것이 없다. 맨손으로 물고기를 잡고, 그걸 한쪽에서 회로 떠주거나 조리해주는 식이다. 하지만 어촌 마을에는 진짜 마을 축제가 있었다. 주민들이 모여 풍어와 마을의 안녕을 기원하는 축제다. 큰 나무를 신으로 모시는 '당산제', 바닷가에서 풍어를 기원하고 뱃사람의 안녕과 수사자(물에서 죽은 사람들)의 영혼을 달래는 '갯제', 새로운 배를 지어 바다에 띄울 때 하는 '뱃고사', 몇 년에 한 번 크게 열리는 '별신굿' 등 다양하다. 때로는 바닷가에서 풍물을 치며 신을 부르고 도시로 나간 고향 사람들을 불러 모으고 심지어 물고기까지도 불러 모으는 축제였다. 그런데 갯벌이 사라지고 물길이 막히면서 이런 어촌 전통문화 역시 사라지고 있다. 그중 하나가 바로 갯제다. 갯제에서 '개'는 (좁게는) 갯벌을 의미하지만, (넓게는) 바다를 말한다. 요컨대 갯제는 바다를 관장하는 신을 향해 제를 지내는 것이다. 바다 신은 용왕님일 수도 있고, 김참봉일 수도 있고, 때로는 도깨비일 수도 있다. 바다에서 도깨비라니 다소 뜻밖이라 생각할 수 있겠지만, 어촌에서 도깨비는 어장에 물고기를 몰고 오는 영험한 존재로 여겨진다. 때문에 바닷가에서 도깨비나 도깨비불을 보면 풍어나 만선을 한다고 믿었다.

해원과 상생의 굿

당연한 말이지만, 어민은 바다와 함께 살아가야 한다. 바람이 불면, 안개가 짙게 깔리면, 파도가 높으면 바다는커녕 어장에도 갈 수 없다. 바닷바람이며 거센 비바람을 가장 먼저, 가장 세게 맞는 곳이 어민들의 집이다. 해원解冤과 상생이 상존하는 곳이 바닷가다. 갯제는 바다에서 죽은 사람과 무주고혼을 위로하는 의례이자 풍어를 기원하는 의례이며, 집안의 액을 바다로 흘려보내고 복을 불러들이는 의례이기도 하다. 섣달그믐이나 정월 초에 당산제(당제)와 함께 지내기도 하고 보름에 갯제만 따로 지내기도 하는데, 완도 섬마을에서는 정월과 8월에 갯제를 지냈다. 당제는 마을 수호신인 당산 신에게 마을의 평안을 기원하는 마을 제사이며, 지역 공동체 의례다.

갯제는 용왕제, 용굿, 용신제, 수신제, 둑제, 어장제, 날제, 풍어제라고도 한다. 주로 섬이나 연안의 어촌 마을에서 정월에 지낸다. 당제가 엄격하고 격식을 차린 유교적 마을 제의라면, 갯제는 엄숙함을 완전히 해체하는 마을 '축제'에 가깝다. 당제가 남성들을 중심으로 지내는 제의라면, 갯제는 여성들이 주관해 음식을 준비하며 제의를 주도한다. 전통을 중시하는 마을에서는 당제를 지낼 때 음식을 준비하고 제를 올리는 것까지 전부 남성들이 맡기도 했다. 당제가 마을의 안녕을 기원한다면, 갯제는 가족의 안녕을 기원한다.

갯제의 핵심은 헌식이다. 바닷가에 상을 차려두고 무주고혼 수사자들은 물론 갯벌생물과 잡귀 잡신에게도 바치는 것이다. 잡귀 잡신에게도 헌식을 하는 것이 특징적인데, 산 사람에게 해코지하지 않게 음식을 나누는 것이다. 고기잡이가 워낙 험한 일인지라 집집이 풍랑에 휩쓸려 죽은 사람이 한둘은 있다. 상을

제주 한림읍 추자면 영흥리의 고기부르기제.(제공 송기태)

차려놓고서 풍물을 치면서 헌식을 하고 이를 주민들이 나눠 먹으며 한바탕 놀이를 한다. 이런 갯제는 개인의 슬픔을 마을 축제로 승화시키는 힘을 갖고 있다. 당제와 함께 지낼 때에는 엄숙한 마을 의례가 다음 날 일시에 축제(갯제)로 전환된다. 씻김에 맺힌 고를 풀듯.

바닷가에서 '궁물(풍물)'을 치던 농악패들이 상쇠(두레패나 농악대 따위에서, 꽹과리를 치면서 전체를 지휘하는 사람)의 가락 몸짓에 일시에 멈춘다. 그러고는 바지락을 부르고, 김을 부르고, 굴을 부른다. 심지어 물고기도 부른다. 실제로 태안이나 통영에서는 "조개야"라고 부른다. 마을로 조개를 부르는 것이다. 이는 갯제의 한 유형으로, 추자도 대서리에서는 '고기부르기제'라 하며, 서산에서는 '굴부르기제' 등 어패류를 마을어장으로 불러들이는 제를 지낸다. 이런 갯제는 주로 남서해안에서 발견된다. 남서해안에서는 멀리 떨어진 경상남도 통영에서도 발견되는데, 통영시 산양읍 삼덕리 원항마을에서는 대보름 저녁에 여성들이 갯가에 모여 이렇게 외친다. "당개 동네 조개야, 우리 동네로 오래이!" 당개는 당포마을로, 원항마을의 이웃이다.

전남 강진에서는 이렇게 한다.

"물 아래 진 서방."

"예."

"고기고 전어고 낙지고 석화고 바지락이고 다 우리 동네로 오세요."

"예."

충남 보령시 원산면 원산도의 조개부르기제.

이렇게 묻고 답하는 연극 형식의 의례가 독특하다. 바지락이 대답할 리 없고, 낙지가 대답할 리 없다. 우리 동네로 오란다고 굴이 걸어올 리도 없다. 물론 대답은 농악을 치던 주민이나 부녀회원이 한다. 때로는 바위 뒤에 모습을 숨긴 채 답하기도 한다. 여기서 진 서방은 해산물을 불러들이는 '도깨비'를 말한다. 덤장(건강망), 독살, 주목망(태안에서는 주벅이라고 부른다) 등 정치망을 사용하는 어민들은 도깨비불을 본 자리에 그물을 놓으면 물고기가 많이 잡힌다고 했다. 이를 '도깨비불 보기' 혹은 '산망'이라 했다. 언덕에서 불을 보는 것을 말한다. 농촌에서는 종종 훼방꾼으로 등장하는 도깨비가 어촌에서는 바닷물고기를 몰아오는 풍어의 신으로 등장한다는 것이 흥미롭다. 때문에 어장 고사를 지낼 때 갯벌에 도깨비가 좋아한다는 메밀범벅을 뿌리기도 한다.

한편, 충청남도 원산도에는 독특한 조개 부르기 의례가 있다. 부녀회원이 풍물을 치며 제물을 가지고 바지락밭이 있는 어장으로 나가 진설한 후 절을 한다. 그런 다음 의례에 참가한 여성들이 해안에서 마을까지 나란히 손을 잡고 달리면서 만세를 하듯 팔을 높이 들어올린다. 안면도처럼 조개 씨가 많은 곳에서 원산도로 바지락을 불러들이는 의례라고 한다. 그렇게 오래된 의례는 아니며, 최근 인근 마을에서 조개부르기제 혹은 굴부르기제를 하는 것을 보고 재현한 것이다. 이전까지는 남성들을 중심으로 풍어제를 지냈다 한다.

완도군 약산면 득암리나 어두리에서는 김 풍년이 든 마을어장의 개흙을 퍼 와서는 자기 마을어장에 뿌린다. 풍년이 든 어장의 개흙을 뿌림으로써 자기 마을에도 김 풍년이 들기를 기원하는 상징적인 의미에서다. 제주도에서는 봄이 되면 해신당(해녀들이 물질을 하러 나갈 때 비손을 하는 곳)에서 바다 여신 '할망'에게

덤장은 조차가 큰 서해안, 특히 갯벌이 발달한 서해안에 물고기를 유인하는 긴 그물(길그물)과 그 끝에 임통(통발)을 설치해 물고기를 잡는 어로 방법이다. 어구 도감에는 각망角網(각망어업은 길그물 끝에 직사각형의 통그물을 설치하여 어군이 길그물을 따라 통그물 안으로 들어오도록 유인하여 잡는 어업이다)이라고 소개되어 있다. 얕은 갯벌에 나무 말뚝(대나무 등)을 박아 길그물을 친 다음, 물고기들이 들어오면 가두어 잡는 임통을 설치했다. 이 임통은 두 개를 기본으로, 세 개면 삼각망, 다섯 개면 오각망 등이라 불렀다. 물이 빠지면 갯벌로 걸어 들어가 그물을 털었다. 물이 완전히 빠지지 않는 곳에 설치한 경우에는 배를 타고 나가서 잡기도 했다.

주목망은 보령, 태안, 서산 지역의 전통 조기잡이 어업 중 하나다. 섬과 섬 혹은 갯골이나 갯바위 사이에 기둥을 세우고 자루그물을 묶어서 물고기를 잡았다. 대표적으로 원산도, 고대도, 죽도 등에서 조기를 잡던 어법이다. 특히 1960년대까지 죽도 인근에는 수십 개의 주목망이 설치되어 조기를 잡으며 조기 파시가 형성되기도 했다.

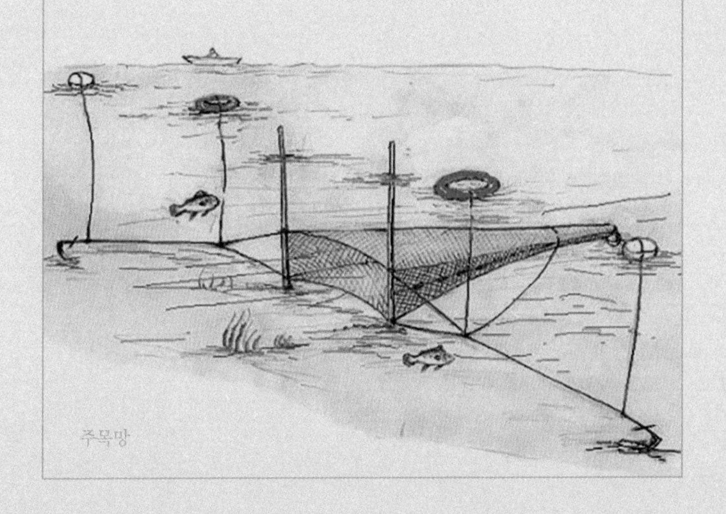

주목망

물질의 안전과 풍요를 기원하는 굿(잠수굿이라 한다)을 지낸다. 뭍에서 지내는 갯제와 성격이 비슷한데, 심방(무당)이 부르는 제주 토속 민요이자 무가인 '서우젯소리'에 맞춰 해녀 두 명이 춤을 추다가 좁쌀을 바닷가에 뿌린다. 이를 '씨드림'이라 하는데 전복, 소라, 우뭇가사리, 톳 등의 풍년을 기원하는 것이다. 남은 좁쌀은 돗자리에 뿌려 그해 풍어를 점쳤다.

동해에는 동해 별신굿, 남해에는 남해 별신굿이 있지만 서해에는 옹진 연평 지방에서 벌이는 배연신굿과 대동굿이 있다. 중요무형문화재로 지정된 이 굿은 산신을 모시는 당굿, 가정을 도는 세경굿, 바닷가에서 하는 용신굿으로 나뉜다. 작두를 타며 액운과 잡신을 내치고 건강을 발원하는 작두굿으로 널리 알려져 있다.

충남 태안군 황도의 '붕기 풍어제'도 유명하다. 조기의 신 임경업 장군을 모시고 행하는 황도의 당제다. 원래는 '도당굿'이라 했지만, 민속예술경연대회에 참가하면서 '풍어제'라는 이름을 붙였다. 황도는 안면도와 다리로 연결된 작은 섬이다. 바지락 양식을 많이 하는 갯벌을 가지고 있다. 천수만방조제가 만들어지기 전에는 조기잡이 등 고기잡이배들이 많았지만 지금은 굴 양식과 바지락 양식, 그리고 외지인들이 들어와 펜션 영업을 많

전북 부안군 위도 대리마을의 띠뱃놀이.

이 하고 있다. 황도 북쪽에 당산이 있고 그곳 당집에서 정월이 면 풍어제를 지낸다. 황도의 고기잡이배들이 항로를 잃지 않도록 당산에서 불을 밝혀 귀항을 하게 하고, 당집에서 제사를 지낸다. 특히 소를 직접 잡아서 제물로 바치는 것으로 유명하다. 1980년대 만신 김금화가 제의를 주관하면서 황해도 굿과 접목되어 전승되고 있다.

전라북도 부안군 위도 대리마을에서는 '원당제'라 부르는 풍어제를 지낸다. 이 당제는 '위도띠뱃놀이'로 널리 알려져 있다. 제를 지내고 바닷가에 띠배(바다에서 나는 띠로 엮은 배)를 띄워 액을 내치는 연행 때문이다. 이때 띠배 안에 '제웅이'를 태워 바다에 띄우며 개인과 마을의 액을 내보내는 대신 복과 고기가 들어오기를 기원한다. 제웅이는 허재비라고도 한다. 용왕 신체를 상징하며, 짚으로 만든다. 몸에 비해 유난히 남근을 크게 만드는 것이 특징이다. 배가 마을에서 멀리 나가야 액이 멀어진다고 믿기에 물이 들었다 나는 물때를 잘 맞춰야 하고 배를 타고 나가 보내기도 한다. 마을의 모든 액과 약간의 노잣돈을 함께 보낸다. 때로는 허재비를 인격체로 보고 술을 권하고 대화를 하며 마을 주민들의 염원을 빌기도 한다. 그야말로 연극이다. 영광군 법성포에서는 단오제와 함께 풍어제를 지낸다.

이외에도 완도군 약산면 득암리에서는 쌀이 조금 담긴 바가지에 초를 꽂아 불을 밝힌 후 바다로 보냈다. 어민들에게 어장이 잘되는 것보다 큰 복은 없다. 갯제가 마무리되면 여유가 있는 마을에서는 주민들 모두 마을회관이나 너른 마당에 모여 풍물을 치고 노래를 부르고 춤을 추면서 한바탕 놀이판을 벌인다. 이것이 여의치 않은 마을에서도 남자들이 모두 모여 함께 점심을 먹는다.

사라진 마을 축제, 손죽도 화전놀이

날씨가 변덕스럽지만 봄은 봄이다. 섬사람들에게 봄은 특별하다. 농사 준비도 해야 하지만, 어부들에게는 가슴 설레는 계절이다. 여수시 손죽도는 일제강점기에 시작된 안강망어업으로 풍요로운 섬이었다. 한때 안강망 배를 50여 척으로 오징어 철에는 울릉도로, 조기 철에는 연평도로 조선의 동해, 서해, 남해를 두루 다녔던 사람들이다. 한 번 나가면 몇 달 동안 바다에 있어야 하는 지아비 속을 모를 리 없지만 지어미에게 긴 이별이 달갑지는 않았으리라. 때문에 섬에서 하는 화전놀이는 뭍에서 하는 꽃놀이와 분명 달랐다. 이날만큼은 처녀든 총각이든 며느리든 시어머니든 겉치레를 벗고 흥겹게 놀기 위해 가면을 쓰고 놀이를 즐기기도 했단다.

나이 든 여인들이 집집이 곡식을 거둬 술을 담그고 점심을 준비해 함지박에 담아 이고 지고 화전놀이터로 올랐다. 그곳이 마을 뒤쪽 고개 너머 '지지미재'다. 나이가 많아 지지미재에 오를 수 없는 이는 마을에 언덕진 곳 '사장터'에서 지팡이를 짚고 서서 구경하고 춤도 추었다. 해방 전 중선배가 많아 경기가 좋을 때는 손죽도 주민들만 아니라, 고흥 지역 나로도나 내발 등에서 보따리 장사꾼이나 엿장수들이 들어왔다.

이때 가장 많이 불렀던 노래가 '제화 좋소 제 제화가 좋음도 좋소, 명년 춘삼월에도 화전놀이 합시다'라는 '산아지타령'이다. 아리랑조지만 진도아리랑과 다른 곡조를 갖고 있다. 이외에도 청춘가, 강강술래, 쾌지나 칭칭 나네 등을 불렀다. '산아지타령' 가사에서 보듯이 아쉬움을 달래고 내년을 기약할 만큼 여인들이 기다리는 풍속이었다. 신윤복이 그린 《풍속도화첩》의 〈연소답청〉을 보면 봄날 선비들이 기생들과 함께 꽃놀이를 즐기러 나온 모습이 그려져 있다. 삼국시대 이전에 시작되었다고 알려져 있다. 보통 삼월삼짇날 유생은 유생끼리, 부인들은 부인들끼리 진달래꽃으로 술과 국수를 만들고 화전을 지져 하루를 보냈다. 이날만큼은 집안 여성들이 자유롭게 술과 음식을 먹고 춤과 노래를 즐겼다. 하지만 어장이 고갈되고 주민들도 나이가 들면서 손죽도에서도 한동안 맥이 끊겼다. 최근 여수 지역 문화예술인들이 화전놀이를 복원해 몇 차례 재현하기도 했다. 매년 화전놀이를 하지는 않지만 간간이 중요한 일이 있을 때 화전놀이가 이루어진다.

굿 보고 떡도 얻어먹는다, 죽도 별신굿 '지동굿'

함지박을 머리에 인 아낙이 종종걸음으로 골목길을 나선다. 손수레를 끌고 나오는 이도 있다. 무슨 날인데 이렇게 집집이 음식을 갖고 나오는 걸까. 마을 포구 앞에서는 꽹과리 소리가 요란하다. 천막 안에 상이 펼쳐지고 주민들이 가져온 음식이 놓였다. 굿판이다. 주민들만을 위한 자리가 아니다. 마을 신, 서낭신, 장승, 손님 등은 물론이고 온갖 잡귀 잡신을 초청하는 소리다. 이런 축제가 또 어디 있을까. 해마다 봄이 다가올 때면 통영시 죽도에서는 이런 마을 잔치를 벌인다. 남해안 별신굿이다.

회관 마당에 임시로 마련된 굿청(굿을 하는 장소) 맨 윗자리에 오래된 궤짝이 자리 잡았다. 주민이 조심스럽게 궤짝을 열고 안에 있는 문서를 꺼낸다. 펼치면 '일금 삼천 환 1월 7일 상이용사의연금'이라 적혀 있다. 마을기금 지출 장부다. 매년 지출한 내역이 꼼꼼하게 적혀 있다. '축호좌목'이라 적힌 문서도 있다. 마을 임원 명단이다. 이 밖에도 장례에 관련된 문서를 비롯해 여러 마을 문서들이 궤짝에서 나온다. 마을 살림을 책임지는 이 궤짝을 '지동궤'라 한다. 바로 이 지동궤를 모시고 이루어지는 남해안 별신굿을 '지동굿'이라 부른다. 궤 앞에 놓인 작은 상 위에는 피울 향과 굿을 이끄는 '지모'의 무구가 놓여 있다. 지모는 굿을 진행하는 무당을 일컫는다. 제물도 차려졌겠다, 모든 준비가 끝났다. 굿은 지모가 지동궤와 마을 어르신들에게 인사를 올리면서 시작된다.

죽도에서 마을을 이끄는 것은 마을 임원도, 주민도 아니다. 바로 지동궤 속에 있는 문서들이다. 회의를 통해 결정된 사항들은 빠짐없이 문서에 기록된다. 이 기록이 쌓여 마을의 규칙이 되고, 역사가 된다. 이렇게 한 세월이 무려 300여 년이다. 그 사이 대대손손 사람은 바뀌었지만 규칙은 더해지거나 덜어지면서 계속 전승되고 있다. 그러니 마을에 모신 귀한 신체神體라 해도 지나침이 없다. 남해안 별신굿이 동해 별신굿이나 서해 풍어제와 다른 점이 여기에 있다. 이런 남해안 별신굿은 통영, 거제, 고성, 심지어 부산에서도 행해졌던 마을 굿으로, 짧게는 이틀 동안, 길게는 일주일 이상 하는 굿이다. 마을 굿 전통이 지금까지 이어지는 곳은 죽도뿐이다.

죽도 인근 어장이 번성했을 때에는 젊은 사람도 많고 마을 굿 비용을 마련하는 것도 어렵지 않았다. 덩달아 무당과 악사도 많았다. 무당은 노래도 하고 굿을 진행하기도 하고 때로는 악기를 다루기도 했다. 하지만 지금은 지키고 보존하는 것만도 힘든 형편이다. 다행히도 별신굿의 역사와 가치에 공감하는 마을이 있고, 남해안별신굿보존회가 함께 나서서 명맥을 잇고 있다. 중요무형문화재로 지정되고 난 후에는 문화재청과 통영시로부터 약간의 지원도 이루어지고 있다. 별신굿도 다른 마을 굿과 마찬가지로 마을 주민의 안녕과 풍어를 기원한다. 굿의 시작을 신에게 알리는 위만제에서부터 들맞이 당산굿, 부정굿, 제석굿, 선왕굿, 가망굿, 용왕굿, 고금역대, 열두축문, 마을 동태부 신령을 위무하는 큰굿 순으로 진행된다. 보통 홀수 해에는 굿 원형에 충실히 지내며, 짝수 해에는 제수굿과 탈놀이를 겸한 축제로 진행된다.

우쨌거나 자식들 건강하고 우쨌거나 차 조심하고

이제 손수레가 아니면 제물을 가지고 나올 힘도 없는 어머니들이 통영 중앙시장에서 장을 봐 제물을 차려놓고 하는 말이다. 남해안 별신굿은 죽도 외에 거제에서도 이루어진다. 거제 다대마을의 지동궤 안에 보관된 문서에는 마을의 안녕과 풍어를 기원하는 글과 물품이나 금전을 기부한 사람의 이름이 명시된 기록이 남아 있다. 굿이 끝난 후 수고비를 치른, 오늘날의 수표와 같은 기록물도 있다. 거제 다대, 양화, 망치, 가배, 수산마을에서 열렸던 별신굿 가운데 가장 큰 굿이 지동굿이다. 지금도 행해지고 있다.

3부

어부의 눈으로 본 바다

어촌의 정체성은 마을어업의 성격에 따라 정해진다. 마을어장, 갯밭, 갱번, 갯티, 개발, 바당 등 다양한 이름으로 불리지만 어촌 주민들이 함께 이용하고 갯벌 생물과 물새들이 공존하는 상생의 공간이다. 그곳은 해양환경과 갯벌의 종류에 따라 낙지, 백합, 바지락, 개불, 꼬막, 미역, 톳, 우뭇가사리 등이 자란다. 이를 채취하고 판매하며 분배하는 방식도 마을마다 다르다. 이를 하나로 통일하기 어려운 것은 바다환경과 어민의 살림살이가 조응해온 오랜 역사와 문화가 녹아 있기 때문이다.

마을어업을 수산업이라는 범주로 분류해 수산업 진흥이나 개발이라는 논리로 접근하는 것은 어촌의 지속성에 도움이 될 수 없다. 수산업은 기업과 자본의 논리를 접근해야 할 영역이고, 어촌은 공동체의 논리로 풀어야 한다. 특히 여기서 예시한 여러 전통 어업이나 어촌 공동체에 기반한 어업 활동은 어촌의 지속성이라는 가치가 생산성이나 자본의 논리보다 앞서야 한다. 수산어업이 아니라 마을어업이 되어야 하는 이유다. 마을어장의 생태적 지속성은 더 깊은 바다의 어족 자원을 지탱해주는 생명의 숲이다. 갯벌과 갯바위와 해초들이 그 역할을 하고 있다. 마을어장이 무너지면 연근해의 어족 자원이 풍성해질 수 없다. 그리고 어촌의 살림살이가 곧 마을어장의 건강성을 결정한다.

01 맨손어업

돌미역

어떤 사람이 바다에서 헤엄을 치다 고래 입에 빨려 들어가고 말았다. 새끼를 낳은 어미 고래였다. 고래의 배 속에는 미역이 가득했다. 그런데 놀랍게도 오장육부의 나쁜 피들이 모두 물로 변해 있었다. 그는 고래 배 속에서 가까스로 빠져나온 뒤 미역이 산후 조리에 큰 효험이 있다는 사실을 사람들에게 알렸다.

조선 헌종 때 실학자 이규경李圭景(1788~?)의 《오주연문장전산고五洲衍文長箋散稿》에 전해지는 이야기다. 고래가 새끼를 낳은 뒤 미역을 뜯어먹는 것을 보고 산모에게 미역을 먹였다는 이야기도 있다. 조선시대 여성의 풍속을 기록한《조선여속고》에는 "산모가 첫국밥을 먹기 전에 산모 방의 남서쪽을 깨끗이 치운 뒤 쌀밥과 미역국을 세 그릇씩 장만해 삼신상을 차려놓는데, 그 밥과 국은 반드시 산모가 먹었다"고 쓰여 있다. 예부터 산모가 아이를 낳고 처음 먹는 국(주로 미역국)과 밥을 '첫국밥'이라 했다. 삼칠일(21일) 동안 미역국을 먹고 몸을 보했다. 이때 사용하는 미역은 가닥을 꺾지 않은 긴 '해산 미역'이다. 이를 상인에게 구입할 때는 값도 깎지 않는다. 오래오래 건강하게 장수하라는 의미에서다.

미역을 전라도에서는 맥, 혹은 매엑이라 한다.《삼국사기》에서는 물을 '매買'라 하는데, 미역이 물에서 나는 여뀌와 비슷하다 하여 '매역'이라 했다는 기록이 있다. 여뀌는 물가에서 자라며 곧은 줄기에 긴 잎이 어긋나게 달리는 한해살이풀이다.

자연산 미역은 바닷속이나 조간대의 갯바위에 붙어 자란다. 때문에 '돌미역'이라 한다. 경상북도 울진군의 고포, 부산의 기장, 경상남도 통영시의 연기, 전라남도 진도의 조도면(독거도, 맹골도, 곽도, 관매도, 죽도 등), 신안군의 흑산면(가거도, 만재도, 태도, 흑산

전남 진도군 맹골도의 돌미역 채취.

도, 영산도, 장도), 전라북도 어청도, 충청남도의 격렬비열도와 외연도 등에서 자란다. 그중에서도 고포에서 난 미역은 '화포和布'라 불렸다. 수심이 낮고 맑은 지역이라 햇빛을 많이 받고 자란 미역이다. 화포 미역은 기장 미역, 진도 미역과 함께 명품 미역으로 주목받는 돌미역이다. 울진에서는 수심 1미터 내외에서 자란 미역을 최고로 쳤다. 햇볕과 산소를 충분히 공급받고 자란 것이기 때문이다. 이를 '못미역'이라 한다. 고포, 기장, 진도, 울진 등은 모두 바닷물이 맑아 햇빛이 바닷속 깊은 곳까지 비추며, 조류가 거센 곳이다.

미역은 미역과에 속하는 갈조류 바닷말이다. 잎, 줄기, 뿌리가 구별되며 줄기 양쪽에 주름이 촘촘히 잡혀 있는데, 이것이 미역 포자를 가진 포자엽이다. 흔히 '미역귀'라고도 하는 포자엽은 늦봄과 초여름에 포자를 방출한다. 이 포자가 돌에 붙어 돌미역으로 자라나는 것이다. 바위에 붙어 자라는 돌미역 뿌리는 꼭 나뭇가지처럼 생겼다. 거친 조류에 소용돌이치는 바다에서 갯바위를 붙들고 있기 위해서다. 가늘고 긴 잎도 이런 바다에 적응하면서 진화한 결과다. 비록 가는 잎이어도 질기고 거칠어 오랜 시간 푹 삶아야 진한 국물이 우러난다. 부드러운 양식 미역에 익숙해진 이들에게는 마땅찮게 느껴질 수 있겠지만, 양식 미역을 먹기 전에는 모두 돌미역으로 끓인 미역국을 먹으면서 산후조리를 했다. 하여 친정어머니는 딸이 시집갈 때면 미역을 혼수품에 넣어주기도 했다.

반대로, 양식 미역은 굵은 줄(몸줄)에 감은 가느다란 줄에 붙은 포자를 여름에 실내에서 배양시킨 다음, 가을에 굵은 밧줄에 감아 바닷속에 던져놓고 양식한다.

2015년 11월 초였다. 동해안에서 갯바위를 닦고 있는 해녀를 마주쳤다. 해녀 옆에는 남자들이 삽처럼 생긴 도구를 들고서 갯바위를 문지르고 있었다. 미역 포자가 잘 붙도록 이물질을 제거하는 '갯닦이' 현장이었다. 미역밭도 계속 돌보면서 관리해야 한다. 개인이 독점 이용하는 미역밭이 있는가 하면 마을에서 공동으로 관리하며 채취한 몫을 똑같이 나누는 미역밭이 있는데, 일감 없는 섬마을 노인들은 이 미역으로 1년을 살아가기도 한다. 미역이 잘 자라는 갯바위도 있고 아닌 곳도 있다 보니 매년 추첨을 통해 배분하는 곳도 있다. 어장이나 어촌계장 등 마을에서 고생하는 사람들에게 미역밭을 따로 주기도 한다(이름도 이장 바위라 붙인다). 옛날에는 아이들 학자금, 혼수 비용, 생필품 구입비 등을 모두 돌미역 판 돈으로 충당했고, 제주에서는 학교에 미역바당(미역밭)을 배분하기도 했다. 이 미역바당은 학교 운영에 필요한 경비를 마련하는 데 쓰였다. 역시 채취는 해녀들이

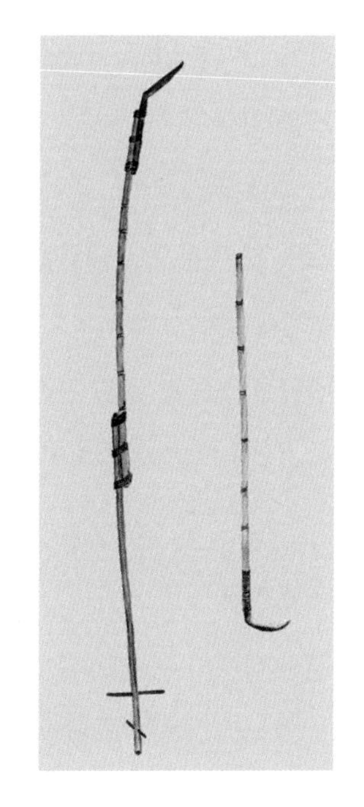

왼쪽은 경남 통영시 용남면 연기마을에서 미역 채취 때 쓰는 어구인 '트리'이고, 오른쪽은 동해와 남해 해역에서 물속에 미역을 베는 어구인 '낫대'다.

하고 수익은 학교 운영에 보탠다. 마을 공동기금을 마련할 때에도 미역은 효자 노릇을 했다. 미역이 없었다면 진즉에 무인도가 됐을 섬도 많다. 뭍으로 유학 보낸 아이 학비도 돌미역을 담보로 빌린 돈으로 해결했고, 어머니가 좋아하는 방물장수가 들어왔을 때에도 돌미역으로 값을 치렀다. 설 명절을 위한 음식을 장만하기 위해 소를 잡을 때에도 집집이 미역 추렴을 했다. 한마디로, 섬사람에게 돌미역은 화폐였다.

손개불잡이

경남 남해의 개불잡이는 장관이다. 쟁기로 무논을 갈듯 배에 갈고리 네 개를 달고 천천히 이동하며 바닥을 헤집는다. 그러면 갯벌 구멍 속에 살던 개불이 갈고리에 걸려 나온다. 마치 배가 바다에 큰 풍선을 달고 있는 듯한 모습인데, 커다란 '물보' 때문이다. 바람의 힘을 이용한 돛처럼, 물보는 물의 흐름을 이용해 천천히 조류 방향으로 배를 이동하게 한다. 그 힘으로 소가 쟁기를 끌듯 바닷속에 내려진 갈고리가 바닥을 헤집어 개불을 캐낸다. 남해안 지족해협에서 12월 말부터 1월 사이에 잡는다. 수심 20미터 깊은 모래갯벌에서 자라는 개불은 붉은색이 강하고 살이 두껍고 향이 진하고 달콤해 인기다. 남해 손도(좁은 해협을

경남 남해군의 물보를 이용한 개불잡이.(제공 남해군청)

맨손 개불잡이.

가리키는 남해 사투리) 개불은 이러한 맛도 맛이지만 독특한 어법 때문에 더욱 인기다. 개불 맛을 보기 위해 일부러 남해를 찾는 이들이 있다니, 그 맛을 입증하고도 남는다.

백합 주산지였던 부안, 김제, 군산에 이르는 새만금 갯벌에도 개불이 많았다. 방조제 공사가 진행되면서 개불잡이를 응용한 '뽐뿌배'라는 것이 등장했다. 가는 갈고리 대신 강한 물줄기로 갯벌을 뒤집어 개불은 물론 백합, 동죽 등 갯벌 생물을 싹쓸이하는 방식이다. 남해 개불잡이가 소로 쟁기질하는 것이라면 뽐뿌배는 트랙터로 작업하는 것과 같다. 물론 '싹쓸이'하는 만큼 문제가 없지 않다. 한 마을에서 맨손어업으로 백합을 캐는 어민들과 뽐뿌배를 사용하는 어민들 사이에 갈등이 불거지기도 한다.

그런가 하면 강진 도암만 사초리에서는 개불잡이가 마을 공동 작업이다. 마을에서 배로 5분 거리인 복섬이 개불 서식지다. 수심이 허리까지 닿는 바다에서 남편이 쇠스랑으로 갯벌을 파면, 아내는 흙을 그물망에 담아 씻어낸다. 물이 빠지기 전에 바닥을 헤집은 다음 떠오른 개불을 뜰채나 삼태기로 건져내기도 한다. 모두 사람의 힘으로만 한다. 지금은 논이 된 땅들은 한때 전부 갯벌이었고, 개불 천지였다. 마을 사람들은 모두 갯벌에 의지해 낙지도 잡고 굴도 까고 바지락도 캐며 생활했다. 개불은 쳐다보지도 않았다. 지금과 달리 사람들이 잘 먹지 않아 상품 가치가 없었기 때문이다. 마을어장의 일부를 간척하면서 영향을 받은 것인지 갯벌에 서식하던 개불도 사라졌다. 개불이 마을에 다시 나타난 것은 2000년대 초다. 거의 20년이 지나 해양생태계가 안정된 것인지 개불이 나타나면서 한두 사람에 의해 개불잡이가 시작되었다. 잠깐 물때에 수십만 원 벌이를 하기 때문에 개불 잡는 날이 결정되면 마을 주민들이 모두 나선다. 물속에 들어가기 힘든 노인들은 물 빠진 갯가에서라도 작업을 한다.

하지만 어느 해에는 개불잡이를 할 만큼 개불이 많이 서식하지 않아 건너뛰기도 한다. 개불 축제를 시작하면서는 아예 격년제로 개불잡이를 하고, 개불이 서식하는 곳에서는 개인이 채취하는 것을 절대 금하며, 자원 증식에 힘쓰고 있다.

백합잡이

백합은 모래가 많은 펄갯벌에 서식하는 백합과 이매패류二枚貝類 연체동물이다. 조개 중에 으뜸이요, 상합이나 생합이라고도 한다. 암갈색 껍데기에 무늬가 다양해 백 가지 무늬를 가진 조개라고 해서 백합이라 부른다는 설도 있다. 백합은 웬만해서는 입을 열지 않아 잘 상하지 않는데, 이 때문에 부부 화합의 상징으로 여겨지기도 하며, 일본에서는 혼례 음식으로 사용했다고 한다. 새만금 간척 이전에 부안에 있는 한 식당에는 백합회로 시작해서 백합탕, 백합구이, 백합콩나물찜, 백합전, 마무리로는 백합죽을 내놓는 백합 코스 요리가 있었다. 모두 부안산 백합으로 만든 음식임은 말할 것도 없다. 봄, 여름, 가을, 심지어 겨울까지 부안 계화도 어머니들은 손에는 그레(끄렝이 혹은 끌개라고도 한다)를 들고 등에는 구럭(망태)을 지고 갯밭으로 나갔다. 물론 작업 중에 허기를 해결하기 위한 간식도 들고 가지만. 백합을 잡기 위한 도구는 그레와 망태가 전부다. 그레는 40센티미터 정도 되는 갯벌을 긁는 부분(긁개)과 130센티미터 정도 되는 손잡이 부분, 그리고 긁개와 손잡이를 연결시켜주는 버팀목 부분으로 이루어져 있다. 긁개와 버팀목이 연결된 부분에 끈 2개를 매달아 허리춤에 묶고서 허리 힘으로 그레를 끄는 것이다. 그렇다고 해서 허리 힘만 좋다고 그레질을 잘하는 것은 아니다. 허리를 잘 쓸 줄 알아야 한다. 처음 그레질을 해보는 사람들은 팔 힘을 이용해 그레를 끄는데, 이러면 힘이 많이 들어 오래 버티지 못한다. 계화도 어민들은 하루에 5시간 이상 그레질을 하기 때문에 힘을 가능한 한 덜 쓰면서 오래 버티는 것이 중요하다. 구럭은 3~4미터 정도 되는 노끈으로 만든 망태로, 양쪽에 멜빵을 달아

백합.

걸망처럼 짊어질 수 있다. 그레질을 하다 생합을 잡으면 허리를 숙여 주워 구럭에 담고, 구럭이 무거워지면 따로 가져간 자루그물에 옮긴다. 그러고는 구럭을 지고 다시 그레질을 반복한다. 물이 들어오기 시작하면 자루그물에 담긴 백합을 경운기에 실어 마을로 운반한 후, 크기별로 분류해 중간수집상(마을에 수산회사를 차려놓고 주민이 운영한다)에게 넘긴다. 이렇게 그레로 백합을 캐는 곳은 부안만이 아니다. 신안 증도, 영광 백수, 고창 심원, 부안, 김제, 군산, 옹진 장봉도·볼음도·주문도 등에서도 그레로 백합을 캔다. 그레는 옹진을 비롯한 인천에서는 '끄렝이', 고창에서는 '긁개', 영광과 신안에서는 '글갱이'나 '그렝'이라고도 한다.

부안은 아홉 가지 어패류가 많다는 '구복작', 백합 씨알이 굵고 큰 '삼성풀', 마을에서 가장 먼 '만전연풀' 등 넓고 너른 갯벌이 많아 백합이 귀하고 소중한 줄 몰랐다. 나가기만 하면 백합을 망태기 가득 담아왔다. 그야말로 황금어장이었다. 백합만이 아니라 동죽, 소라(피뿔고둥), 개불, 맛조개, 바지락, 모시조개 등 다양했다. 그렇지만 계화도 어머니들은 오직 백합만 캤다. 그레에 동죽이 걸리면 다시 갯벌에 묻었다. 동죽은 조개로 치지 않는 데다, 백합만으로도 충분했던 탓이다. 더욱이 동죽은 백합처럼 오래 보관할 수 없다. 싱싱할 때 요리해 먹어야 한다. 백합은

(왼쪽부터) 인천 옹진군 장봉도·볼음도·주문도 일대에서 백합을 잡던 끄렝이. 전북 군산·김제·부안 일대 새만금 갯벌에서 백합을 잡던 그레. 전북 고창, 전남 영광과 신안 일대에서 백합을 잡던 긁개(글갱이).

냉장고에 넣지 않고 며칠은 밖에 두어도 상하지 않는다. 여름에도 쉬 상하지 않는다. 다만 백합이 입을 벌리지 못하도록 무거운 돌로 백합이 든 자루를 눌러놓아야 한다. 냉장고가 없던 시절, 문지방에 백합 자루를 놓고 오며 가며 밟고 다녔다는 이야기를 계화도 어민에게서 들은 적도 있다. 지금으로서는 상상하기 힘든, 재밌는 이야기다.

도구도 그렇지만 차림새도 중요하다. 갯벌에 나가는 여성들은 우선 챙이 넓은 모자를 쓰고, 머리 위에 보자기를 씌워 턱 밑에서 묶어 고정시킨다. 모자가 바람에 날아가지 않게 하기 위해서이기도 하고, 강한 햇빛으로부터 얼굴을 가리기 위해서이기도 하다. 물론 갯벌에 쏟아지는 햇빛은 계절에 상관없이 강하기 때문에 옷은 언제나 긴팔, 긴 바지로 갖춰 입는다(무더운 여름에는 긴팔을 토시로 대신하곤 한다). 여기에 목이 긴 고무장화를 신고, 손에 고무장갑까지 끼면 갯벌에 나갈 기본 채비가 끝난다. 계절에 따라 겨울에는 두꺼운 옷을 입거나 바람을 막을 수 있는 옷을 입곤 하지만, 이 기본 복장은 크게 달라지지 않는다.

하지만 방조제가 쌓이면서 갯벌로 들어오는 바닷물이 줄어들고, 황금어장은 무너졌다. 조간대 상부는 육지로 변해갔다. 어민들은 물길을 따라 점점 더 멀리 나가야 했다. 마지막 물막이 공사가 끝난 얼마 후, 많은 비가 내렸다. 다음 날 다시 찾은 계화도 갯벌은 충격적인 풍경이었다. 백합이 까맣게 올라와 있었다. 일부는 입을 벌린 채 죽어 있었고, 일부는 기어가다 쓰러져 혀를 내밀고 있었다. 빗물을 바닷물로 착각하고 갯벌에서 올라왔다가 되돌아가지 못한 것이다. 그렇게 우리나라 최대 백합 산지였던 부안·김제·군산 갯벌이 무너졌다.

최근에 백합을 다시 만났다. 북한 땅이 바라보이는 주문도에서다. 주문도에서 백합을 캐는데 자꾸만 새만금 갯벌에서 만난 어머니들이 떠올랐다. 백합 팔아 아이를 키웠다는 추귀례 부녀회장이며 백합만 보면 눈물이 난다는 순덕 이모, 아예 마을을 떠나버린 이까지, 모두 갯벌에 기대 살았던 이들이다. 계화도 어머니들은 백합밭을 잃고 우울증에 시달렸다. 하루 벌어 하루 사는 일당벌이를 찾아다니기도 했다. 농사일보다 갯일이 익숙했던 터라, 농부로 변신하기도 쉽지 않았다. 백합이 사라지자 오순도순 백합잡이를 하며 정을 나누던 마을 공동체도 무너져버렸다. 다툼이 잦아지고 마을이 삭막해졌다. 오직 백합 하나가 사라졌을 뿐인데, 그 충격이 너무 컸다.

새만금 갯벌이 무너졌으니 이제 서해 갯벌에서 백합 서식지로 꼽히는 곳은 장봉도, 볼음도, 주문도다. 잘 지켜야 한다. 백합을 캐던 노부부가 경운기를 타고 나오다 태워주며 하신 말이다. 백합잡이로도 생계를 이어나가는 데 충분하다고 말했다. 백합은 이 노부부에게 효자이자 보험이고, 사회안전망이나 마찬가지였다. 어떤 사회보장제도가 노부부의 삶을 이렇게 오롯이 지켜줄 수 있겠는가.

뻘배어업

뻘배는 '널배'라고도 한다. 널은 판판하고 넓게 켠 나뭇조각인

전북 부안군 계화도. 새만금 갯벌이 사라지기 전에는 이렇게 그레질을 해서 백합을 잡았다.

널빤지를 말한다. 이 널을 타고 갯벌을 이동할 수 있기에 '배'라 하는 것이다. 뻘배는 '널'이라 부르는 판자와, 펄을 헤치고 나아갈 수 있도록 구부린 앞부분 '이망'과 '꼬리' 부분으로 구성된다. 이망에는 '띠장'이라 하는 폭이 좁고 긴 나무를 덧대어 앞으로 나갈 때 펄흙이 튀지 않도록 한다. 뻘배에 따라 좌우로 길게 띠장을 대기도 하고, 널의 3분의 2 지점에 가로로 띠장 높이의 버팀목을 대기도 한다. 이는 함지박이나 그릇을 실었을 때 미끄러지지 않게 하는 역할도 한다. 나머지 3분의 1 지점 가운데에는 똬리를 놓는다. 뻘배를 탈 때 무릎을 안전하게 고정시키는 역할을 한다. 보통 똬리는 머리 위에 얹어 물동이를 이고도 안전하게 걸을 수 있도록 만든 것이지만, 뻘배를 탈 때에도 요긴하다. 한 발과 무릎을 널판 위에 올리고 다른 발로 갯벌을 밀면서 가야 하기 때문에 널판 위에 무릎이 미끄러지지 않도록 고정시키면서도 아프지 않게 해주는 도구가 똬리다.

이동 수단으로 설명했지만, 뻘배는 그 용도를 보면 운반용과 작업용 두 가지로 구분할 수 있다. 운반용은 채취한 꼬막이나 가리맛 혹은 그물로 잡은 물고기를 운반할 때 사용한다. 작업용은 꼬막 채취(여자만, 득량만 지역)나 짱뚱어 훌치기 낚시(벌교, 강진, 해남, 신안 지역)를 할 때 이용한다. 훌치기 낚시는 낚싯바늘 서너 개를 묶어 만든 갈고리를 낚싯줄에 매달아 갯벌 위에서 먹이 활동을 하는 짱뚱어를 낚아채는 어법이다. 훌치기 낚시를 할 때 뻘배를 타는 건 갯벌을 이동하기 위함이다. 한편 꼬막을 채취할 때에는 뻘배가 이동 수단이 되기도 하고 어로 도구가 되기도 한다. 손으로 갯벌을 헤집어 꼬막을 캘 때는 이동 수단이지만, 갯벌을 긁는 도구를 뻘배에 부착한 다음 밀어서 갯벌을 긁을 때에는 채취 도구가 된다. 이렇듯 지역에 따라 또 이용하는 방법에 따라 뻘배 형태가 조금씩 다르다.

뻘배는 어딘가에서 만들어 판매하는 것이 아니라 어민이 직접 만들거나 어촌 마을에서 손재주가 좋은 사람이 삯을 받고 만들어주는 것이기 때문에 주문에 따라 다양한 형태로 제작된다. 예전에는 소나무 등을 산에서 베어다가 만들곤 했지만, 지금은 목재소에서 구입한다. 최근에는 소나무에 비해 가볍고 물에 강하며 수명이 긴 삼나무를 주로 이용하고 있다. 뻘배의 크기는 보통 길이 3미터 내외, 너비 35~50센티미터 내외다. 용도나 탈 사람의 키와 몸무게에 따라 조금씩 다르다. 내가 뻘배를 만드는 사람이 아니기에 자세히 알지는 못하지만, 아는 바를 간단히 설명하면 이렇다. 먼저 널을 준비한 다음 이망에 해당하는 부분을 보름 정도 물에 담가놓는다. 이는 식물로 치면 뿌리에 가까운

전남 여수시 소라면 달천도. 꼬막을 캔 후 뻘배를 밀며 귀가하는 주민들.

밑부분이다. 그런 다음 큰 돌이나 담(제방)에 이망 부분을 끼워 넣고 구부려 스키판처럼 앞부분이 굽어지게 모양을 잡는다. 이 굽은 부분은 불에 그슬려 그냥 두어도 원래대로 펴지지 않고 구부러진 모양이 유지되도록 한다. 이를 '이망 작업'이라 한다. 이망 작업이 끝나면 띠장을 대고 밧줄을 매단다.

앞서 말했듯이 국가중요어업유산 중 하나가 바로 이 뻘배어업이다. 문제는 꼬막이다. 벌교를 비롯한 고흥 일대의 여자만과 득량만 갯벌에 꼬막이 잘 자라야 뻘배어업이 지속될 수 있다. 그런데 매년 꼬막 채취량이 줄어들고 있다. 전남군과 보성군이 인공 유생 살포, 종묘 배양장 마련, 천적 제거, 꼬막 목장사업 등 종합계획을 마련해 증식 노력을 하고 있지만, 좋은 소식이 들리지 않는다. 무엇보다 중요한 것은 서식지 복원이다. 옛날처럼 꼬막이 서식할 수 있는 갯벌환경을 조성하는 것이 중요하다. 갯벌에 꼬막이 살고, 뻘배를 타고 채취하는 어촌문화가 지속되려면 어민만이 아니라 소비자가 함께해야 한다. 여자만 상류 순천만과 순천 국가정원을 찾는 수백만 도시민들도 함께해야 한다. 수온 변화만이 원인이 아니기 때문이다. 인간이 배출하는 온갖 것들을 품고 삭여야 하는 갯벌은 꼬막을 품을 여력이 없다.

낙지잡이

영암군 미암과 독천은 우리나라 낙지 서식지 중 으뜸이었다. 하지만 영산강 종합개발계획으로 갯벌이 사라졌다. 영암호·금호호를 둘러싼 영암 미암과 해남 황산 일대의 손낙지(손으로 직접 잡는 낙지)와 가래 낙지(삽으로 잡는 낙지)는 뻘낙지 중에서도 최고로 쳤다. 갯벌을 잃어버린 이곳 주민들 중에는 지금도 신안의 섬을 찾아다니며 남의 뻘을 기웃거리는 낙지잡이 선수들이 있다.

낙지는 통발, 연승(주낙), 맨손, 횃불, 가래 등을 이용해서 잡는데, 어법의 특징을 이름으로 붙여 각각 '통발 낙지', '낙지 주낙', '손낙지', '홰낙지', '가래 낙지' 등으로 부른다. '통발 낙지'는 수심이 깊은 곳에 칠게 등 미끼를 넣은 통발을 넣어 낙지를 유인해 잡는 방법으로, 경남 남해, 전남 여수·고흥·해남·완도 등 남해안 지역에서 많이 이용된다. 낚시질로 낙지를 잡는 것은 '낙지 주낙'이라 하는데, 주로 여수·해남·신안·무안·함평 등 전남 서남해역의 갯벌이 발달한 곳에서 이루어진다. 무안·신안·함평 지역에서의 낙지 주낙은 200~300미터의 몸줄로 굵은 줄(모릿줄이라 한다)에 낚시가 달린 1~2미터의 가는 줄(아릿줄이라 한다)을 1~2미터 간격으로 달아 낙지를 잡는 방법이다. 미끼로는 칠게를 쓴다. 낙지는 야행성이기 때문에 낙지 주낙은 밤에 이루어

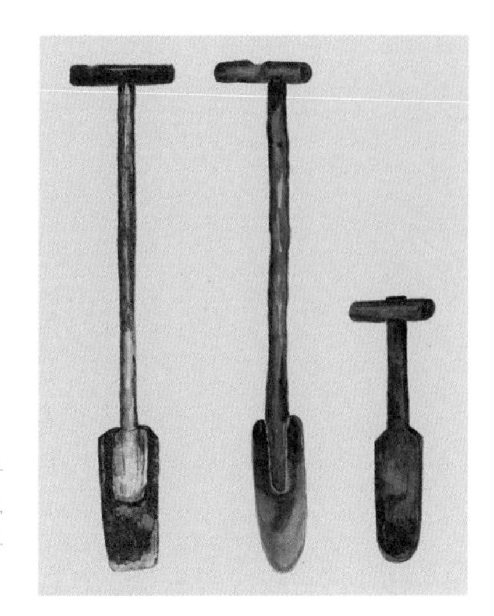

낙지 잡는 가래. 남성들이 주로 쓰는 가래가 왼쪽의 긴 것이고, 여성들이 주로 쓰는 묻음 낙지용 가래는 오른쪽의 짧은 것이다.

지는데, 여름과 겨울을 제외하고는 물때에 맞춰 조업한다. 단, 조류가 거센 사리 물때는 제외다. 여수·해남 지역에서는 3~5톤짜리 낙지잡이 배를 타고 며칠씩 바다에 나가 잡기도 하는데, 조업 시기는 10월부터 4월까지로 겨울철이다. 이들 지역은 겨울철에도 수온이 높기 때문이다. 한편 '홰낙지'는 밤에 횃불을 들고 나가 조간대를 다니면서 낙지를 잡는 것이다. 해남·신안·무안·영암 지역에서 이런 방식으로 낙지를 잡는다. 최근에는 횃불 대신 서치라이트를 쓴다. 낙지를 잡는 여러 가지 방법 중에서도 가장 기술을 필요로 하는 것은 '가래 낙지'와 '손낙지'다.

'가래'는 원래 나무를 깎아 만들었지만, 지금은 삽을 쓴다. 가래 낙지는 갯벌을 1~1.5미터 정도 파서 낙지를 잡는, 맨손어업에 속하는 어로 방법이다. 강화도 갯벌, 안면도 갯벌, 무안 함평만, 영산강 일대의 갯벌 등에서 이루어졌다.

'손낙지', 즉 맨손으로 직접 낙지를 잡을 때에는 펄을 손으로 헤집어야 한다. 아무 데나 헤집는 것이 아니다. 낙지가 펄 속에서 숨을 쉬며 내놓는 물 때문에 펄 위에 구멍이 생긴다. 이를 '부럿'이라 하는데, 부럿 주위에는 위장하기 위한 구멍들이 여러 개 연결되어 있다. 부럿을 자칫 잘못 건드렸다가는 낙지가 연결된 다른 구멍 속으로 숨어버린다. 이를 방지하기 위해 부럿 주위의 펄을 어느 정도 깊이로 판 다음, 약간의 둔덕을 만들어두면 낙지가 밖으로 나온다. 이때 낙지를 순식간에 낚아채야 한다. 맨손으로 낙지를 잡는 것이 상당한 기술을 요하는 것도, 맨손으로 잡은 낙지가 다른 낙지에 비해 가격이 비싼 것도 바로 이 때문이다. 지금은 간척으로 인해 낙지 서식지가 사라졌지만, 해남군 황산면·송지면·북일면 일부 지역에서는 여전히 손으로 낙지를 잡고 있다. 원래 시화호 갯벌과 인근 오이도, 대부도 갯벌은 인천 지역에서 알아주는 낙지밭이었다. 경기만 일대 갯벌 역시 낙지 천국이었다. 그런데 지금은 낙지는 찾아보기 어렵고, 망둑

충남 보령시 남포면 월전리. 삽을 이용해 큰 돌이 많은 혼합갯벌을파헤쳐 낙지를 잡았다.

어 천지가 되었다. 화옹호나 시화호 등이 간척됨에 따라 서식지가 사라졌기 때문이다. 갯벌이 사라졌으니 낙지도 없을 수밖에. 낙지가 좋아하는 칠게도 사라졌다. 그렇다고 해서 사람 입맛이 기억에서 쉽게 지워지지는 않는다. 곳곳에 낙지 전문점이라는 간판을 내건 음식점들이 있다.

낙지는 계절에 따라 크기도 가격도 다르다. 값이 가장 비쌀 때는 낙지가 많이 잡히지 않는 여름철과 겨울철이다. 또 손으로 잡은 낙지와 주낙으로 잡은 낙지, 가래로 잡은 낙지 값이 서로 다르다. 물론 펄에서 잡은 낙지와 깊은 바다에서 잡은 낙지 값도 다르다. 겨울철에도 통발이나 주낙으로 낙지를 잡는 따뜻한 남해 지역과, 수심이 낮아 겨울철에는 뻘낙지잡이가 어려운 무안·신안의 사정이 다르기 때문이다. 그럼에도 낙지잡이가 가장 활발한 지역인 무안과 신안에서 '낙지 축제'가 열린다. 무안에는 800여 척의 낙지잡이 배가 있다. 무안군은 낙지잡이 소득이 (비공식적인 것까지 합해) 500억 원대에 이를 것이라고 한다. 여기에 낙지 전문점이나 유통 등을 생각하면 낙지에 관련된 산업 규모는 더욱 클 것이다.

최고로 꼽히는 낙지 역시 무안과 신안의 것이다. 무안 낙지는 탄도만에서 잡은 낙지가, 신안 낙지는 하의도 옥도에서 잡은 낙지가 제일이다. 탄도만 주변 10여 개의 어촌 마을에서 잡아들인 낙지는 무안공항 인근 '무안 갯벌낙지 직판장'에서 맛볼 수 있다. 갯벌낙지는 색깔이 진하고 발이 가늘지만, 돌낙지는 붉고 다리가 뭉툭하며 머리가 크다. 돌낙지는 남해안 사량도 등에서 많이 잡힌다.

정치망어업 02

선사시대 조개더미에서 발견된 낚싯대나 창(뼈나 나무로 만들어졌다)이 가장 원시적인 어구일 것이다. 그렇지만 지금으로부터 선사시대는 까마득히 멀다. 우리에게 좀 더 친숙한 시대를 돌아보자. 인구가 늘고 유교를 중시하면서 각종 의례가 발달해 생선 소비가 늘어난 조선시대에는 어떤 방법으로 물고기를 잡았을까?

조선시대를 대표하는 고기잡이 방식은 '어살'이다. 어살은 싸리, 참대, 장목 따위를 개울이나 강, 바다 등에 八자를 뒤집은 날개 모양으로 꽂고 그 가운데에 물고기가 들어오면 나가지 못하도록 통을 설치해 물고기를 잡는 것을 말한다. 조차가 큰 서해안에서는 갯벌에 기둥을 세우고 그물을 매 조기 등을 잡았고, 남해안에서는 조류가 센 좁은 물목에 기둥을 세우고 칡이나 대나무 살을 그물처럼 엮어 청어나 대구를 잡았다. 제주(서해나 남해 일부 지역)에서도 수심이 깊지 않고 조차가 큰 돌밭 지형에서는 돌로 담을 쌓고 물길을 막아 물고기를 잡았다. 이는 독살, 쑤기미, 돌살, 돌발, 갯담, 원담 등 다양한 이름으로 불렸다. 동해에서는 그물 양쪽을 사람이나 배로 끌어 물고기를 잡는 후리그물을 이용했다. 이는 오늘날까지 이어져, 동해안은 유자망류의 그물이나 낚시를, 남해안은 정치망류 그물을, 서해안은 안강망류 그물을 이용해 조업하고 있다.

유자망은 조류에 따라 그물을 흘려보내면서 물고기가 그물코에 꽂히게 하여 잡는 어구로 도루묵, 물메기 등을 잡는다. 한편 정치망은 유인그물로, 물고기가 오가는 길에 자루 모양의 그물을 놓아 가두어 잡는 고정식 어구다. 멸치를 잡을 때 많이 쓴다. 안강망은 조류를 따라 들어온 물고기를 자루그물에 가두어 잡는 방식이다. 조차가 크고 조류가 빠른 곳에 설치하며, 조기잡이를 할 때 사용하는 대표적인 그물이다. 이제부터는 이런 어업 방식 가운데서도 전통성과 역사성, 지역성을 가진 것들을 다루면서 어촌과 바다의 속살을 살펴보려 한다.

죽방렴

'죽방렴'도 넓은 의미에서는 어살에 해당한다. 조선시대를 대표하는 어구로 어살漁箭 또는 살箭, 그리고 방렴方廉이 있었다. 모두 밀물에 연안으로 몰려왔다가 썰물 때 돌아가는 물고기를 가두어 잡는 어구이자 어법이다. 주변에서 쉽게 구할 수 있는 대나무, 돌, 나무를 이용해 물고기가 지나는 길을 막아 잡았다. 주로 산란을 위해 연안으로 들어오는 대구, 청어나 하천으로 올라오는 은어, 연어 따위를 잡았다. 한자로는 어전漁箭이나 어량魚梁이라 한다. 1469년(예종 1년)에 편찬된 《경상도속찬지리지慶尙道續撰地理誌》에는 발전, 결전, 방렴 등의 어구가 등장한다. 여기에 등장하는 '방렴'이 죽방렴과 명칭과 어법에 있어 가장 유사하다.

오늘날 죽방렴은 주로 멸치를 잡는 어구지만, 조선시대에는 멸치를 잡는 데 사용하지 않았던 것으로 보인다. 주로 큰 물고기를 잡을 때 사용하는 싸리나무나 대나무 가지로 성긴 발을 엮어 썼단다. 이를 '섶'이라 했다. 《경상도속찬지리지》〈남해현조〉에는 "방전防箭에서 석수어, 홍어, 문어가 산출된다"고 적혀 있다. 방防은 '막다'는 뜻이고 '전箭'은 '살', 즉 화살이나 어살을 뜻한다. 이를 따라 방전은 어살이나 '어사리'라고도 불린다. 경상남도 사천시 마도나 남해군 지족마을 주민들은 방렴도, 섶도 아

남해군 지족마을의 죽방렴.

닌 '발'이라 하고, 이 발로 고기잡이를 하는 사람을 가리켜 '발쟁이'라 한다. 죽방렴으로 잡은 멸치를 섬이나 연안으로 운반해 삶는 공간을 '발막'이라 한다. 1910년에 발간된《한국수산지》는 '경상도 방렴'을 만드는 방법을 이렇게 소개하고 있다(이때까지도 '죽방렴'이라는 이름은 등장하지 않았다).

주로 참나무 기둥을 세우고, 그 밑둥에 무거운 짐돌沈石을 매달아 기둥을 고정시키는데, 방렴과 유사한 줄살에서 가마니에 담은 돌의 무게를 500~3,000근(300~1,800킬로그램) 정도라 하였으며, 기둥 사이에 치는 대나무 발에는 질긴 칡껍질을 꼬아 만든 그물을 덧대었고, 그 칡그물의 끝자락을 육지까지 연결하였다.

방렴이 '죽방렴'으로 바뀐 것은 일제강점기, 일본인들의 멸치 수요에 대응하면서다. 문화재청이 발간한《전통어로방식》(2018)에는 "조선 후기 경상도, 강원도, 함경도 영흥만 일원에서는 주로 대구와 청어를 잡았고, 멸치에 대해서는 크게 관심을 기울이지 않았다"고 쓰여 있다. 그런데 개항 이후 일본인들이 멸치에 주목했다. 우리에게 멸치는 특별한 생선이 아니었다. 아니 오히려 학질을 일으키는 물고기라며 멀리하기까지 했다.《우해이어보牛海異魚譜》(1803)에는 멸치가 장마철 습한 날씨에 잡히며 장려병(학질)을 일으킨다고 했다. 사정이 이렇다 보니 지금처럼 다양한 음식에 멸치를 활용한다는 것은 생각하기 어려운 일이었다. 정어리를 포함한 멸치 등은 식용만 아니라 '어유'라고 해서 부족한 군사용 기름으로 사용했고, 농사를 짓는 퇴비로도 사용했다. 만주사변, 중일전쟁, 태평양전쟁 등 일본은 전쟁을 준비하면서 많은 멸치를 포획해야 했다. 그 결과 '멸치를 잡기 위한 방렴'이 나타났는데 이를 '죽방렴'이라고 했다. 싸리나무나 대나무 가지를 성기게 엮어 썼던 과거와 달리, 멸치처럼 작은 생선을 잡아들이기 위해 자연스럽게 촘촘히 엮은 대나무 살에 칡그물을 덧댄 형태가 되었다(덧붙이자면 죽방렴의 '죽'은 대나무 죽竹자다). 이렇게 해서 청어나 대구를 잡던 방렴은 멸치를 잡는 어구로 바뀌었다. 경상도 부근은 서해처럼 갯벌이 발달하지 않은 지역이니 기둥을 고정시킬 수 없어 무거운 돌이나 돌을 담은 가마니(짐돌)를 묶어 닻처럼 가라앉힌 다음 발을 묶었다.

오늘날 어촌 주민들이 이용하는 죽방렴 설치 방법도 이와 비슷하다. 하지만 죽방렴 설치 방법을 설명하기에 앞서 죽방렴이 어떤 구조로 이루어져 있는지 알아야 한다. 죽방렴은 크게 발통부와 날개부로 나뉜다. 이 중 발통부는 발통, 쐐발, 사목으로 이루어져 있는데, 쐐발은 밀물에는 닫혔다가 썰물에는 열리도록 만들어져 있어 발 안으로 들어온 물고기가 조류가 바뀌어도 나가지 못하게 한다. 날개는 발통을 꼭지점 삼아 V자 모양으로 만들어진다. 이를 위해 우선 바다 밑에 기둥을 박거나 세우고 사이에 '띠'라 부르는 대나무나 참나무를 가로로 대어서 묶었다. 날개는 썰물에 물고기를 유인하는 역할을 하며 '가지'라고도 한다. 이렇게 날개로 들어온 물고기를 발통으로 유인하는 길목에는 그물을 덧댔다. 이렇게 발통 입구에 그물을 댄 이유는 멸치 등 물고기가 입구에서 탈출하지 못하도록 하기 위해서다. 이를 '사목'이라 한다.

이렇게 구성된 죽방렴을 설치하기 위해서는 우선 설치 장소(바다)에 많은 돌을 쏟아 부어 돌밭을 조성해야 한다. 바닥이 튼튼하지 않으면 거친 조류에 기둥이 온전히 남아 있을 수 없다. 이를 '수망장'이라 한다. 수망장에 기둥을 세우고 그 기둥을 지탱하는 돌담을 쌓았다. 그 높이는 3미터에서 4.7미터 사이이다. 발통은 원래 원형이었지만 사각형으로 바뀌면서 사람이 통 안으로 직접 들어가지 않고 그물로 들어 올릴 수 있게 되었다. 즉 원형일 때는 크기도 작고 안에 들어 올릴 수 있는 그물도 설치할 필요가 없었지만, 발통의 크기가 커지고 사각형으로 만들어지면서 바닥에 그물을 설치하고 줄을 연결해 물레를 돌리면 그물이 올라오는 반자동 형태로 진화했다. 발쟁이들이 나이가 들고 일할 사람이 줄어들면서 선택한 방법이란다. 너비가 발통 주변은 10~14미터, 날개 주변은 22~25미터에 이른다. 그리고 '박말'을 이용해 바닥에 구멍을 뚫은 후, 참나무 기둥을 박는다. 박말은 나무기둥 아래에 철로 만든 원뿔을 끼운 것으로, 바다 밑바닥에 구멍을 뚫어 기둥이 꽂힐 수 있게 하는 도구다. 이렇게 기둥을 꽂고 나면 기둥 아래에 돌을 넣은 가마니(짐돌)를 매달아 고정시킨다.

그렇지만 이 일련의 과정이 말처럼 쉽지는 않다. 죽방렴은 적당한 수심과 조차, 빠른 물살 등이 갖춰져야 설치할 수 있다. 남해 지족해협은 조차가 3.6미터, 물살 속도는 평균 1.2노트[1], 수심은 10미터로, 물길이 좁고 조류가 빠르다. 배 위에서 기둥을 세우고 발을 매는 일이 쉽지 않아 죽방렴을 설치하는 데 평균 1년은 걸렸다고 한다. 지금은 참나무 기둥 대신 폐철도나 철제 H빔, 혹은 전봇대 같은 콘크리트 기둥을 이용한다. 촘촘히 엮은 대나무 살도 그물로 대체되었다. 이렇게 세우면 끝인가. 그것도 아니다. 죽방렴을 유지하고 관리하는 일도 녹록지 않다. 앞서 말했듯이 물길이 좁고 조류가 센 곳에 설치되기 때문에 그물이 망가지기 쉽다. 특히 남해안 태풍 길목에 위치한 죽방렴은 매년 보수를 해야 하는 형편이라 유지비용이 만만치 않다.

죽방렴으로 멸치를 잡는 원리는 간단하다. 밀물을 따라 연안으로 들어온 멸치, 전갱이, 병어 등 바닷물고기가 썰물에 나가면서 날개를 따라 발통으로 들어가 갇히는 것이다. 이렇듯 조

1) 노트knot는 배의 속력을 나타내는 단위로, 1시간에 1해리(1,852미터)를 달리는 속력이다.

차를 이용하는 어구인 만큼 죽방렴을 활용한 조업은 물이 불어나고 조류가 세지기 시작하는 너물부터 시작된다. 이때를 '산물'이라 한다. 죽방렴에 물고기가 가장 많이 드는 물때는 사리때로, 물이 가장 많은 일곱물부터 열한물까지다. 이를 가리켜 '질물'이라 한다. 이 시기에는 하루에 낮물, 밤물 두 차례에 걸쳐 물고기를 잡는다(이를 '발본다'고 한다). 예전에는 이렇게 낮에 한 번, 저녁에 한 번 갔지만, 요즘은 발통 안에 걸리는 쓰레기가 많아 무시로 들락거려야 한단다. 봄에 잡는 대멸은 대개 젓갈용으로 쓰이며, 5~6월에 잡는 소멸이나 7월 이후에 잡는 중멸은 값이 좋다.

지족해협만이 아니라 삼천포 앞 마도·신도·저도·신수도 일대에도 죽방렴이 있다. 마도 북쪽에 1개, 마도와 뚱섬(두둥도) 사이에 2개, 뚱섬 남서쪽에 1개 등 4개가 있고, 신도·저도에 각각 2개가 있어 총 8개가 있다. 또 이웃한 실안 해안에 6개, 신수도 주변에 3개, 삼천포 앞에 1개, 늑도에 1개 등 총 11개가 있다. 사천시에만 총 19개의 죽방렴이 있는 것이다(사천시는 21개 죽방렴이 있다고 하지만, 2개는 허가만 났을 뿐 방치되어 있다). 지족해협에 있는 21개까지 합해 경상남도에만 죽방렴이 40개나 있는 셈이다. 죽방렴은 사천과 남해만이 아니라 과거에는 완도, 여수, 고흥 일대에도 있었다고 한다. 실제로 전라도 여수의 가막만과 돌산읍 일대, 진도 관매도 일대에서 죽방렴을 운영했다는 주민들을 만나볼 수 있었다.

그런데 이 죽방렴을 언급하는 것이 단순히 전통적인 어구라서만은 아니다. 지족해협에 있는 21개의 죽방렴은 '남해 지족해협 죽방렴'이라는 명칭으로 '명승 제71호'에 지정되었다. 우리나라 전통 어업 경관을 가장 잘 보여주는 곳이기 때문이다. 비단 환경적 가치만을 인정받은 것이 아니다. 지족해협은 '국가중요어업유산'으로도 등재되었다(이처럼 지족해협의 죽방렴은 명승지와 국가중요어업유산으로 지정된 반면, 삼천포 일대의 다른 죽방렴들은 단순한 멸치잡이 이상의 가치 부여를 하지 못하고 있다). 어쩌면 국가중요어업유산이라는 단어가 생소하게 느껴질지도 모르겠다. 어업유산이란 '오랜 기간에 걸쳐 만들어지고 발전해온 전승할 만한 가치가 있는 전통 어업활동 시스템과 그 결과로 나타난 어촌경관, 어촌문화 등 모든 유·무형의 자원'을 말한다. 2015년부터 시작해 그해 제주 해녀어업, 보성 뻘배어업, 남해 죽방렴이 각각 1, 2, 3호로 지정되었다. 이듬해에는 신안 갯벌 천일염업이 4호로 지정되었고, 2017년에는 완도 지주식 김 양식어업, 2018년에는 무안·신안 갯벌낙지 맨손어업과 구례·하동 재첩잡이 손틀어업 등이 지정되었다.

'유산'이라고는 하지만 현재 생업 활동에 직간접적으로 연결되어야 한다. 그래서 어업유산은 '살아 있는 유산'이라고 한다. 박물관에 가야 볼 수 있는 문화유산이 아니라, 삶의 현장에서 체험을 통해 그 가치와 의미를 되새길 수 있는 유산이다. 그야말로 '에코 뮤지엄'이다. 물질을 체험할 수 있는 제주 법환마을, 뻘배타기를 할 수 있는 벌교 하장마을, 죽방렴 고기잡이를 할 수 있는 지족마을, 염전 체험을 할 수 있는 신안 추포리 등이 그런 곳이다.

장어잡이, 독다물

지금은 강진읍 도암만 목리에서 '목리장어집'을 운영하는 안주인이 처음 시집을 왔을 무렵, 시어머니는 구다리 아래에서 장어집을 하고 있었다. 시어머니에게 "맞은편에서 일본인들이 맛있는 냄새를 풍기며 장어 구워 먹는 것을 보고 시작했다"고 들었다. 도암만은 물론 일대에서 잡은 장어들은 모두 목리로 들어왔다. 장어 가공공장이 있었기 때문이다. 더욱이 일본인들이 장어를 좋아했기에(여름 보양식으로 우리는 흔히 삼계탕을 먹지만, 일본에서는 장어 요리를 먹는다) 가공을 거친 장어는 광주나 인근 지역으로도

전남 강진군 남포마을의 장어잡이 독다물.

유통되었다. 때문에 나주 영산강 구진포 장어나 고창 인천강 풍천 장어처럼 탐진강 목리 장어도 널리 알려졌다. 목리장어집 역시 1950년대 중반에 문을 열었다고 한다.

이렇게 일제강점기 때에도 이미 즐겨 먹었던 뱀장어는, 오늘날에는 어획량이 줄어 실뱀장어(어린 뱀장어)를 잡아 양만장(장어 양식장)에서 키우곤 한다. 예전에는 영산강 하구, 금강 하구, 동진강 하구, 만경강 하구에서 실뱀장어가 많이 잡혔지만, 이들 강은 전부 막혔다. 실뱀장어는 대신 신안의 섬과 섬 사이, 고흥, 보성,

함평, 영광 등 작은 지천이 흘러드는 해안이나 섬 주위로 향했다(뒤에서 자세히 설명하겠지만, 뱀장어는 바다에서 태어나 강에서 자란다). 국내 실뱀장어 절반은 전남에서 잡힌다. 물론 하구가 막히지 않은 곳도 있다. 한강, 인천강(고창), 탐진강(강진) 등이다. 그중 강진읍 도암만 목리와 남포 일대에서는 지금도 전통적인 방법으로 장어잡이를 하고 있다. 탐진강이 장흥을 돌아 도암만으로 빠져나가는 길목에 잠깐 한숨을 돌리는 목리, 남포는 강진천과 만나는 곳이다. 마량과 칠량에서 강진만을 건너 강진읍으로 들어오는 목리교 아래부터 강진천과 탐진강이 만나는 남포와 해창 인근까지, 야트막한 가장자리에 군데군데 돌무덤이 있다. 이 돌무덤이 다물, 독다물, 돌무덤이라고도 하는 장어잡이 어구이자 어로 방법이다(독은 전라도 말로 돌을 가리키고 다물은 전라도 말 다무락에서 비롯된 말로 '담'이나 '울타리'를 가리킨다). 예전에는 200여 개 돌무덤이 있었다지만, 지금은 50여 개만이 실제 장어잡이에 이용되고 있다. 흔적까지 헤아리면 100여 개 돌무덤이 확인된다. 이 독다물 장어잡이는 조류가 세지 않고 바닥이 단단한 곳에서 한다.

그렇다면 돌로 어떻게 장어를 잡는가. 이는 장어가 낮에는 돌틈이나 갯벌에 몸을 숨기며 지내다 밤에 나와 먹이활동을 하는 습성을 이용한 것이다. 일단 돌로 담을 쌓은 다음 장어가 거기

몸을 숨기면 잡는 것이다. 보통 물이 많이 빠지는 사리 물때에 나가 잡는다. 필요한 것은 쇠말뚝 5개, 호미, 그물, 잡은 장어를 담을 망, 커다란 함지박 정도다. 독다물이 보일 듯 말 듯 물이 찰랑찰랑할 때 그물로 감싼다. 그물은 3미터 내외의 사각형이며, 한쪽에 들어가면 나올 수 없는 자루그물을 매달아놓는다. 그물을 설치한 후에는 돌을 하나씩 그물 밖으로 던진다. 이때 돌무덤에 숨어 있던 장어가 놀라 임통(죽방렴에서는 발통이라 불렀지만 용도는 같다)으로 들어가는 것이다. 옆으로 옮긴 돌담은 자연스럽게 같은 방법으로 활용된다. 그물을 치고 돌을 던져 안에 숨어 있는 장어를 잡는 것이다. 돌무덤은 능력껏 여러 개가 있고, 그중 하루에 몇 개 돌무덤을 차례로 옮겨 장어를 잡는다. 따라서 같은 돌무덤을 며칠 만에 다시 살피는 꼴이 된다. 이렇게 돌무덤을 옮기는 것이 곧 돌그물을 놓는 것이자 안에 숨은 장어를 잡는 행위가 된다. 이런 돌무덤을 몇 개씩 가지고 가을에는 산란을 위해 바다로 나가는 '내림 장어'를, 봄에는 민물을 찾아 올라오는 '오름 장어'를 잡는다. 오름 장어보다는 내림 장어가 살이 통통하고 맛도 좋다. 비록 탐진댐이 생기고 도암만에 크고 작은 제방이 쌓인 후 은어도, 백합도 사라지고 장어도 많이 줄어들었지만, 독다물 어법은 지속되고 있다. 사초리 개불잡이와 함께 도암만을 대표하는 전통 어법이자 어업유산이다. 구다리 아래 있던 오래된 장어집은 제방 너머로 옮겨 지금까지도 아들과 며느리가 대를 이어 장어를 굽고 있다.

그런데 여기서 질문. 뱀장어는 민물고기일까, 바닷물고기일까? 대답하기 어려운 질문이다. 뱀장어는 바다에서 태어나지만, 강에서 자란다. 강에서 충분히 자란 뱀장어는 다시 반년에 걸쳐 태평양 깊은 곳까지 아무것도 먹지 않고 이동한다. 그러고는 알을 낳고 최후를 맞는다. 연어와 반대로 바다에 산란을 하고, 강에서 자라는 것이다. 알에서 부화한 새끼는 아주 작은 댓잎 모양이라 '댓잎뱀장어'라고도 한다. 이 뱀장어는 어미가 머물렀던 강을 향한 여정에 오른다. 1년에 걸쳐 무려 3,000킬로미터를 이동한다. 안내자도 없이, 한 번도 가본 적 없는 곳을 향한 여정이다. 강어귀에 이르면 손가락만 한 길이로 자라 '실뱀장어'가 된다. 이 비밀이 밝혀진 지도 불과 10여 년밖에 지나지 않았다. 그래서 어부들 중에 뱀장어가 산란하는 것을 본 이가 없다.

그렇다면 민물에 살던 뱀장어가 어떻게 바다에 적응해 긴 여행을 하는 것일까. 이들에게는 신비롭게도 체액 농도를 조절하는 능력이 있다. 본래 뱀장어의 체액은 바닷물 농도보다 묽다. 그렇다면 이런 질문이 드는 것은 자연스럽다. 체액이 바닷물보다 묽다면, 바다 여행에 더 적합하지 않은 게 아닌가? 삼투압 현상 때문에 체액이 빠져나갈 테니 말이다. 민물고기는 흔히 (바다가 아닌 강이나 연못에 서식하므로) 자신을 둘러싼 물보다 체액 농도가 더 진하다. 때문에 물이 몸속에 계속 들어오는데, 체액 농도를 맞추기 위해 이들은 묽은 오줌을 다량 배출한다. 이와 반대로, 바닷물고기는 (바닷물보다 농도가 옅은) 자기 체액이 바닷물로 빠져나가는 것을 막기 위해 애쓴다. 바닷물고기들은 다량의 바닷물을 빨아들인 다음 아가미에 존재하는 염분 배출 세포를 통해 염류만 몸 밖으로 배출시킨다. 민물에만 사는 것도 아니요, 바다에만 사는 것도 아닌 뱀장어는 민물고기와 바닷물고기의 속성을 모두 갖고 있다. 어쨌든 이 뱀장어는 바다로 가기 위해 강 하구에서 두세 달을 머문다. 그 사이에 누렇던 몸은 은색으로 바뀐다. 과거 심해에 살았다는 증거다. 바다로 갈 때는 제 모습으로 돌아가는 것이다. 신장 기능은 차츰 약해지고 소금기를 제거하는 염세포 수가 크게 늘어난다.

그런데 앞서 말했듯이 이 뱀장어의 어획량이 많이 줄어들었다. 결정적인 원인은 댐이다. 어린 실뱀장어가 거슬러 올라가야 할 물길에 대형 댐이 건설된 것이다. 임시방편으로 만들어놓은 어도魚道는 숭어나 연어 정도는 되어야 올라갈 수 있게 설계

되어 있다. 그런데 정작 연어는 서해보다는 동해로 회유하니, 누구를 위한 어도인지 알 수 없다. 설령 강으로 올라간 어린 실뱀장어들이 다 자랐다고 해도 댐을 넘어 다시 바다로 나가는 길이 만만치 않다. 이런 개발 못지않은 원인은 바로 남획이다. 실뱀장어가 출몰하는 곳에는 물샐틈없이 모기장으로 만든 그물이 펼쳐져 있다. 우리나라뿐 아니라 일본, 중국, 대만, 홍콩 등 장어 요리를 좋아하는 나라들 전부가 실뱀장어를 잡기 위한 경쟁을 벌이고 있다. 그런데 이들 나라는 모두 우리보다 남쪽에서 11월이나 12월부터 뱀장어를 잡기 시작한다. 한국은 봄이 되어야 실뱀장어잡이가 시작된다. 또 다른 원인은 오염이다. 바다는 물론 강물도 오폐수로 인한 오염이 심각해 댐으로 막히지 않은 하천까지도 뱀장어가 살 수 없는 환경으로 변하고 있다. 마지막 요인은 기후변화다. 이는 일국 차원에서 해결할 수 없기 때문에 전 지구적인 대응이 필요한 문제다.

독살(돌살), 석전(석방렴)

독살은 말하자면 돌을 이용해 만든 그물이다. '돌발' 혹은 '돌살'이라고도 하는데, '발'이나 '살'은 물고기를 잡는 그물을 말한다. 하지만 '그물'은 비유적인 표현이고, 조차가 큰 해안 굴곡 부분

지형을 이용하여 돌담을 쌓아 밀물을 따라 들어온 물고기가 빠져나가지 못하도록 가둬서 잡는 전통 어로 방법을 가리킨다. 따라서 조차가 크고 굴곡도가 큰 서해안에서 일찍이 발달했다. 흔히 반원형이나 ㄷ자형 혹은 ㅡ자형, V자형의 돌담을 쌓아 만들며, 밀물 때에 돌담 안으로 바닷물과 함께 물고기가 들어오면 썰물 때에 돌담 밑부분에 그물통을 놓아 물고기가 나갈 수 없도록 했다. 이것이 임통이다. 구조상 임통을 설치하기에 적절하지 않거나 물이 완전히 빠지지 않는 독살에서는 물이 어느 정도 빠지면 작은 뜰채를 이용해 갇힌 물고기를 잡았다. 어족 자원이 풍부할 때는 멸치와 숭어가 많이 들었고, 때로는 농어와 조기가 들기도 했단다.

독살이 집중적으로 분포한 지역으로는 충남 태안군을 들 수 있다. 전남에서는 무안, 신안, 해남, 진도, 여수, 고흥 등의 연안 및 도서 지역에서 그 흔적이 발견된다. 지역에 따라 독장, 독살, 독발, 쑤기땀, 독담, 돌무지, 독다물 등 다양하게 불린다. 신안 지역에서는 일반적으로 '독살'이라 하며, 한자로는 '석전石箭' 혹은 '석방렴石防簾'이라 한다. 제주에서는 원, 원담, 갯담이라고 한다.

신안군에는 (조차가 크지 않은 흑산군도를 제외하고) 압해읍 복룡리 독살, 지도읍 대포작도 독살, 안좌면 박지도 원형독살, 자라도

전남 강진군 대구면 백사리의 독살(돌살).

독살, 암태도 독살, 안좌면 사치도 독살, 자은면 한운리 둔장마을 할미섬 독살, 장산면 막금도 독살, 증도 방축리 만들독살 등이 있다. 대표적으로 신안군 자은면 둔장리 독살을 들 수 있으며, 증도 방축리 독살은 예전에 거래했던 매매문서가 남아 있다.

현재 남아 있는 독살들이 정확히 언제 만들어졌는지는 알 수 없다. 기록으로 남아 있지 않기 때문이다. 다만 대부분의 섬에 조선 후기 임진왜란(1592~1598) 이후 입도조入島祖가 들어왔다는 점을 고려하면, 그 이후에 조성되었다고 추정할 수 있다. 입도조는 처음 섬에 들어온 조상을 말한다.

1908년부터 1911년에 걸쳐 농상공부 수산국과 조선총독부 농상공부에서 전국 연안의 도서 및 하천에서의 수산 실상을 조사해 만든《한국수산지》를 보면 기좌도, 팔금도, 임자도 등에 어살이 있다는 기록이 있다. 1896년에 신설된 지도군의 초대 군수로 부임한 오횡묵이 남긴 정무일기인《지도군총쇄록智島郡叢鎖錄》에도 현 신안군 지역의 어살에 관련된 내용이 남아 있다. 이밖에도 지도군에서 1901년부터 1907년까지 유배생활을 한 김윤식의 기록에도 어살이 등장한다.

'독살'과 함께 민간신앙이 담긴 전통의례도 전승됐다. 독살을 운영하는 주민들은 풍어를 기원하는 의례를 지냈다. 예를 들면 증도 방축리 검산마을에 있는 만들독살에서는 1980년대 초까지 풍어를 기원하는 의례가 행해졌다. 만들독살의 고사는 전형적인 도깨비 고사의 일종으로, 서해안 일대에서는 어장 주위에 짚으로 작은 도깨비 집을 만들고 물때에 맞춰 고사를 지냈다.

독살은 개인이 운영하기도 하고, 공동이 운영하기도 하며, 마을이 운영하기도 한다. 매년 돌을 쌓고 관리해야 하기 때문에 상당한 재력과 노동력이 뒷받침되지 않으면 개인이 운영하기는 어렵다(따라서 개인이 운영하는 경우에는 논밭처럼 사고팔기도 하고, 자식에게 물려주기도 했다).

하지만 연안에 드는 멸치, 숭어 등 바닷물고기가 감소하면서 독살을 이용해 물고기를 잡는 것도 점차 사라지고 있다. 파도와 조류에 방치된 독살은 자연스레 무너졌고, 1970년대 투석식 굴 양식이 확산됨에 따라 독살에 쓰였던 돌을 갯벌이나 바다에 넣어 굴밭을 만드느라 그 흔적마저 많이 사라졌다.

숭어잡이

부산 가덕도는 '숭어들이'로 유명하다. 따뜻한 봄바람이 불기 시작하는 3월부터 5월까지 가덕도 대항마을 주민들 19명 내외가 숭어잡이에 나선다. 여섯 척의 배에 나눠 탄 주민들이 숭어

부산시 가덕도 대항마을의 육소장망 숭어들이.

가 지나는 길목에 그물을 펼쳐놓고 기다렸다 잡는 전통적인 어로 방법이다. 이를 '육소장망'이라 한다.

숭어가 오가는 길목이 잘 보이는 곳에 망대를 설치하고 망수가 자리한다. 바다에서는 밖목선-밖잔등-밖귀잽이, 안목선-안잔등-안귀잽이 등 여섯 척의 배가 바닷속에 그물을 내리고 숭어가 오기를 기다린다. 밖목선과 안목선의 간격은 50미터 내외, 안귀잽이와 밖귀잽이의 간격은 100미터 정도다. 즉 숭어가 들어오는 입구는 넓게 하고 나가는 길은 좁게 한다. 바닷속에는 그물이 펼쳐져 있다. 숭어가 밖목선과 안목선 사이로 들어와 안귀잽이와 밖귀잽이로 빠져나가기 전에 배에 탄 주민들은 망수의 신호를 받고 그물을 들어 올린다.

이때 무엇보다 중요한 역할을 하는 이가 망수, 즉 어로장이다. 어로장은 산 위에서 숭어 떼가 다가오는 것을 물빛과 그림자로 판단해 배에 탄 주민들에게 신호를 보내는 역할을 한다. 이는 상당한 경험과 기술을 요구하기 때문에 대개 40~50년 경력을 가진 사람이 맡는다. 50년 이상 숭어잡이에 참여했던 허창호, 김관일 두 어르신이 20여 년 동안 원망수와 부망수를 교대로 맡아왔다. 부망수는 원망수 부재 시 망수 역할을 해야 하며, 경험을 쌓기 위해 위해 늘 원망수 옆에 있다.

육소장망은 일제강점기 이전부터 가덕도, 거제 일대에서 숭어를 잡던 어법으로 200여 년의 역사를 갖고 있다. 3월부터 6월까지 봄에만 조업을 하는데, 숭어가 많이 드는 시기에는 하루에 네다섯 번 그물을 들어 올려야 한다. 한창일 때는 그물질 한 번에 2만 마리도 잡혔다고 한다. 이렇게 잡은 숭어는 부산 자갈치시장에 가져가 내다 팔기도 했지만 지금은 가덕대교와 거가대교가 놓여 섬을 찾는 여행객들을 통해 소비되고 있다. 숭어는 100마리를 1동, 1,000마리를 1접이라 헤아렸다. 옛날에는 10접, 그러니까 1만 마리를 잡으면 만선을 했다는 표시로 서낭기를 달았다. 지금은 다리가 놓여 차를 이용해 시내로 쉽게 운반할 수 있지만 당시에는 배로 옮겨야 했다. 따라서 너무 많이 잡히면 놓아주었다가 다음 날 다시 잡기도 했다. 주민들은 봄철 몇 달은 이렇게 숭어잡이를 위해 새벽부터 오후 늦게까지 배 위에서 생활했다. 바람이 불거나 파도가 일어 어로장이 숭어를 볼 수 없다고 판단해 철수를 결정하기 전까지 숭어잡이가 계속된다.

그런데 어쩌랴. 그물을 지킬 주민들은 나이가 들고, 들어오는 숭어는 줄었다. 여기에 인건비까지 올라 더 이상 전통적인 방식으로 숭어를 잡기는 어려워졌다. 고육지책으로 자동화를 시도했다. 망대에는 여전히 어로장과 부어로장이 서지만, 바다에는 선장 격으로 한 사람이 선다. 사람의 힘으로 들어 올렸던 그물은 이제 기계가 들어 올리고 있다. 애초에 28명이 했던 숭어잡이는 19명으로, 이제는 3명으로 줄어들었다. 이마저도 숭어가 들어야 가능하다.

진도 울돌목에서도 역시 숭어를 기다렸다 잡는다. 이곳에서는 '뜰채 숭어잡이'라 한다. 조류가 거칠고 빨라 명량이라 불리는 곳에서 봄철이면 거슬러 올라오는 숭어를 잡는다. 거친 조류를 헤치다 힘에 부친 숭어들이 해안으로 이동해 거슬러 올라갈 때 뜰채로 낚아채는 어로 방법이다. 뜰채를 휘두른 것뿐인데 어

전남 신안군 증도의 숭어 건정.

느새 자루에 숭어가 퍼덕거린다. 구경꾼들이 탄성을 지른다. 언제부터 뜰채로 숭어를 잡았는지는 정확히 알 수 없다. 진도대교를 만들던 인부들이 시작했다는 이야기도 있고, 우수영 김씨가 뜰채를 이용해 숭어를 잡았다는 이야기도 있다.

영산강에 사는 어부들은 숭어를 잡기 위해 발을 엮는다. 갈대로 만든 발(이를 떼발이라 한다)을 강에 띄운 다음 몽둥이를 들고서 강물을 치면 놀란 숭어들이 깊은 곳으로 몰려든다. 눈 밝은 숭어가 떼줄을 보고 놀라 뛰어넘다 떼발로 떨어지면 두들겨서 잡는 식이다. '숭어가 뛰니까 망둑어도 뛴다'는 말처럼, 숭어의 뛰어오르는 습성을 이용해 영산강 하류에서는 떼발로 잡았다. 그물 체험이나 개막이 체험에 곧잘 드는 어류도 숭어다. 개막이는 어촌 체험을 할 때 가장 널리 하는 프로그램이다. 바닷물이 들어오기 전에 갯벌에 기둥을 세우고 밑에 그물을 묻어놓은 후 물이 들면 그물을 올려 기둥에 매달아 안에 든 물고기를 잡는 어법이다. 건강망, 자망, 홀치기 낚시까지 다양한 어로 방법으로 숭어를 잡는다. 조개무지에서도 숭어 뼈가 곧잘 발견되곤 한다니, 실로 숭어와 인간의 인연은 오래되고 깊다.

03 양식어업

수산업에서 양식어업이 본격화된 것은 1970년대, 굴 양식이 산업으로 주목을 받기 시작하면서다. 「수산업법」 제정(1953. 9. 9. 법률 제295호)으로 수산업은 '어업과 수산제조업'으로, 어업은 '수산동식물을 채포 또는 양식하는 사업'으로 규정되었다. 이때 비로소 양식이라는 용어가 등장한 것이다. 양식어업은 '일정한 수면에서 구획, 기타 시설을 하여 양식하는 어업'이라 했다. 20여 년이 지난 후, 1975년 「수산업법」이 개정되어 양식은 '수산동식물을 인위적으로 증식할 목적으로 어선·어구를 사용하거나 시설물을 설치하는 행위'로 구체화되었다. 그리고 1990년에는 양식의 범위를 수면 바닥을 이용한 패류 양식, 수면을 이용한 해조류 양식, 육상 양식, 종묘생산어업 등 공간과 품목으로 세분화했다. 이후 몇 차례 개정을 거쳐, 2015년 양식은 '기르는 어업'으로 정의되며, '해조류 양식어업, 패류 양식어업, 어류 등 양식어업, 복합양식어업, 협동양식어업, 외해 양식어업 그리고 육상해수 양식어업과 종묘생산어업'으로 범위가 확대되었다. 이는 양식 형태와 품목의 다양화에 따른 제도 변화라 할 수 있다.

한편 유엔 식량농업기구FAO는 양식을 '어류, 연체동물, 갑각류 및 수생식물을 포함한 수생생물을 기르는 것'으로 규정한다. 여기에 필요한 양식 시스템, 공간과 시설, 기술, 생산과 수송은 개인이나 기업의 소유권을 인정한다. 즉 기르는 어업은 배타적 소유를 인정하는 것이 특징이다. 잡는 어업은 배타적인 소유가 인정되지 않는다. 일본에서는 양식업에 조개 안에서 생성되는 물질(진주 등)을 인공으로 키우는 것도 포함한다. 일반적으로 양식어업은 자연에서 얻는 수산 자원의 감소를 대체하는 것이 목적이지만, 뱀장어처럼 인공에서 치어를 얻기 힘든 경우나 상업성이 없어 인공 종묘를 시도하지 않는 어류는 치어를 잡아서 기르는 경우도 있다. 이 경우 양식이 오히려 어족 자원 감소의 요인이 되기도 한다.

양식어업의 기원 '김 양식'

인천공항 면세점의 한 코너를 점하고 있는 품목이 김이다. 단순한 재래 김부터 구운 김, 조미 김, 올리브 김, 자반 김, 김스넥까지 상품도 다양하다. 옛날에는 김이 귀하고 귀해 설 명절이나 상에 오르는 세찬이었다. 지금 한 톳(김 100장을 가리키는 단위) 값이 50년 전에도 같은 값이었다고 하면 믿을까. 김으로 밥을 싸는 것이 아니라 밥 위에 김을 얹어 먹던 시절이었다. 마을어장에서 소규모로 김 양식을 해서 먹고살 수 있을 만큼 소득이 높았다. 지금은 김 양식도 중소기업에 이를 만큼 자본과 노동이 동원되는 규모로 성장했다. 완벽한 인공 종묘와 김발에 포자를 부착하는 기술이 크게 발달했고, 채취 방식이 자동화되고 가공은 공장에서 이루어고 있다. 게다가 수출도 확대되고 있어 양식업에서 가장 주목받는 품목이다.

김 양식의 기원에 관해서는 여러 가지 이야기가 전해진다. 《조선의 수산》(1924) 1호에 따르면 "100년 전 완도군 조약도 김유몽이 해안을 거닐다 우연히 밀려온 나무에 해태가 붙어 자라는 것을 보고 나뭇가지를 꽂았더니 역시 해태가 자랐다. 이를 마을 사람들에게 전한 것이 시초가 되었다"고 한다. 한편 《조선어업조합요람》(1942)은 완도군 고금면 장용리 주민 정시원이 어

섬진강 하구에서 나뭇가지를 꽂아 김 양식법을 개량하고 기술을 익혔다.(출처: 한국사진지, 1917)

살에 붙은 해태를 보고 발을 만들어 양식한 것이 시초라고 한다. 광양군 태인도 유래설도 있다. 《한국수산지》에는 영암 출신 김여익이 태인도에서 살다 해변으로 떠내려온 산죽에 해태가 자라는 것을 보고 양식을 시작했다고 기록되어 있다. '김'이라는 명칭도 '태인도 김가'가 길렀다는 의미로 붙여진 것이라고 소개하고 있다. 태인도 김 시배지는 전라남도 지정문화재 113호로 지정되었으며, 기념비도 세워져 있다.

기원이 어디든, 김을 양식하기에 적합한 곳은 서해와 남해다.

파도가 적은 내만이면서 조류 소통이 잘 이루어지고 담수 영향이 적당한 곳이다. 강 하구에 김 양식장이 발달한 이유다.

섬진강 하구에서는 싸리나무나 대나무 가지를 다발로 묶어 갯벌에 꽂아 양식하는 '섶 양식'이 시도되었다. 섶 양식은 낙동강 하구에서도 발견된다. 이후 대나무를 쪼개 새끼줄에 엮어 김 양식을 하는 '죽홍' 양식법이 활용됐다. 점차 그물을 이용한 '망홍'이 개발되고 이것이 '지주식 망홍'으로 발달해 김 양식이 어느 정도 규모를 갖추는 발판이 됐다. 또 수심이 깊은 곳에서는 양식을 할 수 없는 지주식의 한계를 극복하고 깊은 바다에 부표를 띄우고 김발을 매달아 양식하는 '부류식 망홍'으로 발전했다. 지금은 수심이 깊은 바다에 닻을 놓고 대형 틀을 만들어 그곳에 김발을 매다는, 개량된 부류식 망홍을 통해 김을 양식한다. 초기에는 손으로 직접 채취한 김을 세척해서 절단하고 김발에 떠서 말리는 것까지 전부 가족 구성원들의 노동으로 해결하는 일종의 가내수공업 형태였다.

낙동강, 섬진강, 영산강, 금강 하구 등에 자리한 어촌 마을은 일찍이 김 양식으로 먹고살았다. 지금처럼 대규모로 이루어진 것이 아니라, 포구와 접한 가까운 바다에서 '자연 채묘'로 김 농사를 지었다. 실제로 충남 보령시 원산도 한 마을의 김 양식장

분배 자료를 보면 10책('책' 혹은 '때' 등은 김 양식의 단위를 말하며, 1책은 2.2×40미터다) 내외였다. 그렇지만 김 값은 아주 좋아서, 전남 완도군에서는 김 양식을 하는 형이 학교 교사로 발령받은 동생을 설득해 함께 김 양식을 했다는 이야기도 들었다. 당시 대일 수출의 핵심 수산물이 김이었기 때문에 한일어업협정(1965)에서도 중요한 논의 대상이 되었다. 이 협정에서 우리 정부는 '마른 김 수출 자유화'를 요구했고, 일본은 자국 사정을 들어 수입 자유화 대신에 수입량 조정 및 관세 경감을 제안하기도 했다.

1970년대까지 최고로 꼽힌 것은 '완도 김'이었지만, 최근에는 지역 이름을 내건 여러 김이 속속 자리 잡고 있다. 염산을 사용하지 않았다는 것을 강조한 '장흥 무산 김', 일찍부터 가공 김으로 유명했던 홍성의 '광천 김', 많은 갯벌을 보유하고 있는 신안의 '갯벌 지주식 김' 등이 있다. 낙동강 하구 부산 '명지 김'도 100여 년의 역사를 자랑한다. 명지 주변에 김 가공공장만 150여 개이던 때가 있다. 이외에도 해남 송지면 어란리 일대 땅끝의 해남 김, 진도 접도리·수품리·회동리 일대의 진도 김, 서천 근해의 지주식 서천 김 등이 있다. 우리나라에 양식 김의 종류는 참김, 방사무늬김, 잇바디돌김, 모무늬돌김 등이 있다. 자연산 김인 참김은 품종 개량을 한 종들이 대세를 이루면서 점점

지주식 김 양식.

사라지고 있다. 방사무늬김은 얇고 부드러워 김밥용으로, 돌김류는 구이용 등으로 가공된다.

2017년 물김 생산량을 기준으로 가장 많은 김을 생산하는 지역은 전라남도로, 31만 톤에 이른다. 전남의 뒤를 이은 지역은 충남이지만 생산량은 3만 9,000톤에 불과하다. 시설 면적도 전남 68만 2,000책, 전북 8만 2,000책, 충남 8만 책 순이다. 어장 면적은 전남 5만 2,000헥타르, 충남 2,400헥타르다. 생산량과 달리 김 가공공장이 가장 많은 곳은 충남이다. 전국 약 700개 소 중에서 충남이 360개 소로 51퍼센트를 점하고 있다. 가공은 마른 김과 조미 김으로 구분한다. 어민이 생산한 원초 김은 마른 김 업체를 통해 김 도소매업체, 조미 김 업체, 김 수출업체 등으로 유통된다. 최근 중국인과 일본인, 동남아 여행객을 중심으로 여행상품으로 김이 인기다. 또한 이 지역들 외에 러시아와 미국까지 조미 김이 수출되고 있다.

김 양식 외에 해조류 양식으로 미역(기장, 완도), 다시마(완도), 톳(제주, 완도, 진도), 모자반(진도), 파래, 청각, 우뭇가사리, 매생이(완도, 강진, 장흥), 곰피, 꼬시래기, 뜸부기, 풀가사리 등이 양식되고 있다. 미역과 다시마는 식용만 아니라 전복 먹이용으로도 양식이 많이 이루어진다.

패류 양식의 효시 '굴 양식'

동서양을 막론하고 굴만큼 오래된 바다 음식이 있을까. 인간이 굴을 먹기 시작한 기록은 기원전 95년경, 로마인 세르기우스 아라타Sergius Orata에서 출발한다. 동양에서는 송나라 때(420년경) 대나무에 굴을 끼워서 양식을 했다는 기록이 최초이며, 일본은 1670년 히로시마에서 처음으로 굴 양식을 시작했다고 한다. 우

부산 낙동강 하구 눌차도의 굴 양식장.

리나라는 단종 2년(1450) 공물용으로 굴을 진상했다는 기록이 있다.《우리나라 수산양식의 발자취》(2016)는 "태종실록에 1431년 섬진강 하구에서 굴 양식, 여자만에서 꼬막 양식을 했으며, 굴 양식 면허는 1910년 함경북도 영흥만에서 일본인에게 내준 것이 처음"이라고 소개했다. 해방 후 우리 갯벌에서 굴 양식을 시험한 것은 1950년대로, 충남 서천군에서 '석화 양식에 대한 제반 시험조사'가 당시 중앙수산시험장에 의해 시도되었다.

당연히, 양식하지 않았던 시대에도 굴을 먹었다. 부산의 영도, 전라도 서남해안의 많은 섬, 태안 안면도, 시흥 오이도 등지의 선사시대 조개무지를 보면 굴 껍데기가 80퍼센트를 넘는다. 당시 굴을 먹고 버린 흔적들이다. 조개무지에는 굴 껍데기 다음으로 바지락, 피뿔조개, 대수리 등의 껍데기와 일부 물고기 뼈가 포함되어 있다.

이런 조개무지를 보고 선사시대 사람들이 어떻게 생활했을까 그려낸다. 안면도 고남리 패총박물관에는 선사시대 조개류는 "굴이 80퍼센트 정도를 차지하며 바지락, 갯우렁, 가무락조개, 눈알고둥, 키조개, 피조개 등 총 20종 이상이 식용으로 이용되었다"고 기록되어 있다. 또 신석기시대의 굴 유적이 청동기시대 굴 유적보다 크다며, 이는 신석기시대에 굴 이용도가 더 높았기 때문이라고 설명한다. 선사시대 식습관에서 굴이 차지하는 비중을 살펴볼 수 있는 대목이다.

송나라 사신 서긍의 고려 여행기인 《선화봉사고려도경》에는 굴이 고려 서민들이 즐겨 먹는 수산물이라고 소개돼 있다. 고려 가요 〈청산별곡〉에 "ᄂᆞᄆᆞ자기 구조개랑 먹고, 바ᄅᆞ래 살어리랏다"라는 대목이 있는데, 여기서 '구조개'는 '굴'과 '조개'라고 한다. 《자산어보》에는 굴을 모려牡蠣라 하며, 그 모양이 일정하지 않고 구름조각 같으며 껍데기는 매우 두꺼워 종이를 겹겹이 발라놓은 것 같다고 설명했다. 갯바위에 다닥다닥 붙은 굴을 살펴보면 꼭 '돌꽃' 같다. 그래서인지 전라도에서는 굴을 석화라 부른다.

양식 굴 생산량이 국가 통계에 기록된 것은 일제강점기인 1918년이다. 당시 양식 생산량을 보면, 김 141톤과 굴 133톤 등 총 274톤이다. 이후 굴 양식은 1942년대 1만 6,607톤까지 증가했다. 당시 총 양식량의 80.8퍼센트였다. 2017년 굴 양식 생산량은 패류 양식 총 생산량 42만 톤 중 31만 톤으로, 71퍼센트를 차지한다.

예부터 알려진 굴 산지는 낙동강 하구, 광양만, 해창만, 영산강 하구 등이며, 북한에서도 함경도 황어포, 영흥만, 평안도 압록강 하구 등 기수 지역이었다. 전라남도 해창만과 섬진강 하구 등에서 투석식 굴 양식이 발달했는데, 갯벌에 돌을 놓아 굴 유생이 붙게 하는 방식이다. 이후 경상남도 가덕만과 진교만 부근에서 대규모 걸대식 양식으로 진화했다. 연안에 나무로 지주를 세우고 굴 패각을 걸어서 양식하는 방법이다. 임해공업단지 조성과 농지 조성 등을 목적으로 매립과 간척사업이 진행되면서 투석식과 걸대식 양식장은 크게 감소했다. 대신에 등장한 방법이 수하식 굴 양식이다. 뗏목을 바다에 띄우고 그 아래 수중에 인공 채묘한 굴을 줄에 매달아 양식하는 방법이다. 지금은 깊은 바다에 하얀 부표를 띄우고 굵은 밧줄에 굴 종패가 붙은 패각을 줄줄이 매달아 양식하는 연승수하식으로 발전했다. 이를 '부류식'이라고도 한다.

우리나라 굴 생산량은 연 30만 톤 내외로, 통영·거제·고성·여수가 주산지다. 특히 통영은 우리나라 전체 굴 생산량의 60~70퍼센트를 책임진다. 통영 전체 인구 14만여 명 중에서 굴 산업 종사자만 2만 2,000여 명에 이른다. 멍게와 함께 통영경제를 책임지고 있다. 이곳에서는 깊은 바다 위에 떠 있는 하얀 부표를 어디에서나 볼 수 있다. 통영 굴 양식장은 '미국식품의약국FDA 지정해역'[2]에서 생산된다. 세계 굴 생산량은 약 460만 톤이다. 중국이 420만 톤으로 가장 많은 굴을 생산하고 있으며, 우리나라가 두 번째다. 일본과 미국이 그 뒤를 잇는다.

2) 미국은 한미패류위생협정(1972) 및 양해각서(1978) 체결로 본국으로 수출하는 굴의 생산해역을 지정 및 관리하고 있다. 미국만 아니라 캐나다, 홍콩, 일본에서 이 인증을 요구하며, 최근에는 중국도 이를 준용하고 있다. 이 해역은 경상남도 거제, 통영, 고성, 사천, 남해, 전남 여수, 고흥 등 남해안 7개 해역 3만 4,000여 헥타르이며, 그중 75퍼센트가 경남이다. 미국은 2년마다 우리나라를 직접 방문해 해당 해역의 위생상태를 점검한다.

굴은 서식환경에 따라 껍데기를 제거한 알 굴의 크기가 다르다. 가장 큰 것은 역시 통영과 거제 등에서 양식하는 굴이다. 조차가 큰 영광군 백수 갯벌, 옹진군 백령도, 충남 서산 굴이 2센티미터 내외라면, 통영의 양식 굴은 그 크기가 8센티미터 이상이다. 그 차이는 굴의 먹이활동 시간이 결정한다. 굴이 좋아하는 먹이는 플랑크톤인데, 특히 규조류를 좋아한다. 굴은 물고기처럼 헤엄을 치며 먹이를 찾아 움직일 수 없고 갯지렁이나 낙지처럼 땅속으로 들어갈 수도 없다. 그 자리에서 물이 들면 먹고 물이 빠지면 입을 다물어야 한다. 입수공과 출수공으로 물을 빨아들이고 뿜어내며 영양분을 섭취한다. 그러니 조차가 큰 서해안 굴과 그렇지 않은 남해안 굴은 크기가 다를 수밖에 없다. 서

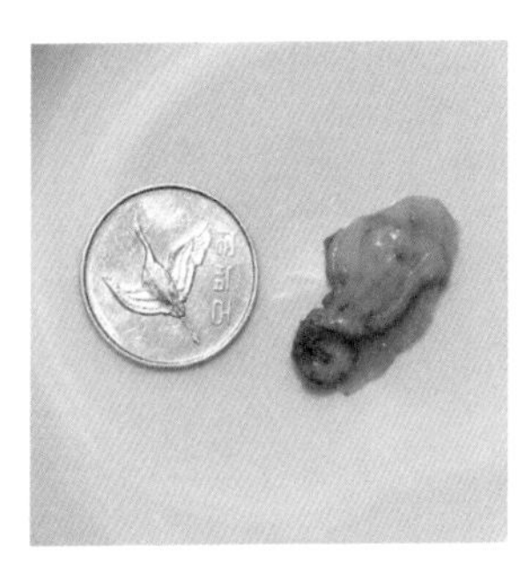

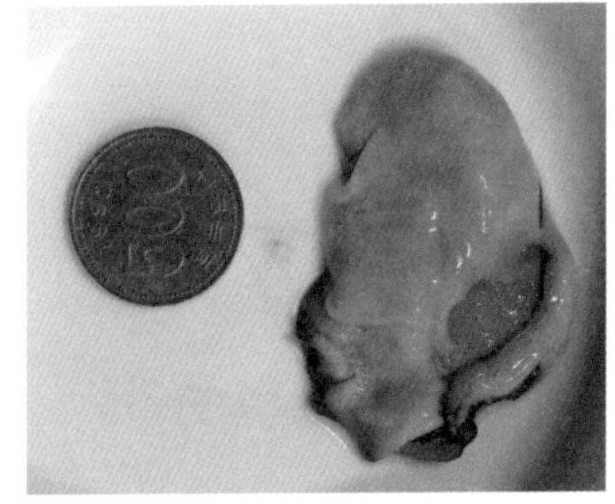

서식환경에 따라, 양식 방법에 따라 생산되는 굴의 크기도 다르다. 왼쪽은 서산 굴, 오른쪽은 통영 굴이다.

해안에서도 조차가 큰 인천의 굴과 보다 작은 전라도 어촌 마을 굴의 크기가 다르다.

양식 기술에서도 이런 차이가 드러난다. 서해안의 초기 굴 양식은 투석식이었다. 지금도 옹진군 섬 주변이나 경기만, 가로림만, 함해만 등 내만에 위치한 어촌에서는 돌을 집어넣어 만든 굴밭을 볼 수 있다. 또는 갯벌에 나뭇가지를 꽂아 굴 양식을 하는 것도 드물게 볼 수 있다. 부착성이 강한 유생들이 갯벌 위 나뭇가지나 돌에 붙어 자라면서 서로 엉겨 만들어진 것이다. 이런 굴은 수하식으로 양식하는 통영이나 거제의 굴에 비해 알이 작다. 수하식과 투석식의 중간 형태로 나무 기둥을 세우고 줄을 걸고 그곳에 양식하는 지주식 혹은 걸대식 역시 서해와 남해의 조간대 중간쯤에 위치한 갯벌에서 양식이 이루어진다. 투석식보다 수심이 있는 곳에 설치하지만 역시 썰물에는 고스란히 햇볕에 노출된다. 여기에 비하면 통영이나 거제나 고성 등지의 수하식 양식은 면적이나 규모가 엄청나다. 스티로폼 부표로 굵은 줄을 띄우고 닻을 놓아 고정한다. 그리고 포자가 붙은 패각 줄을 주렁주렁 매달아 양식한다. 24시간 물속에 잠겨 있으니 굴이 하루 종일 먹이활동을 한다. 그래서 1년 정도면 팔 수 있을 정도로 자란다.

굴 양식의 형태에 따라 어촌의 경관과 생업 방식도 다르다. 투석식이 발달한 어촌은 갯벌이 발달한 곳으로, 양식장을 마을에서 관리한다. 서해안에서 볼 수 있는 풍경이며, 겨울철이면 물이 빠지는 물때에 맞춰 양식장으로 나가 돌에 붙은 굴의 한쪽 껍데기를 조새로 쪼아서 깐다. 지역에 따라 깐 굴의 일정한 비율을 마을 공동기금으로 마련하기도 한다. 자연산 굴의 경우는 마을에서 정한 규칙과 관계없이 채취가 가능하지만 양식장의 굴을 깔 때는 채취 시기와 인원 등을 어촌계에서 규정하고 있다. 투석식은 어민들에게 큰 소득이 되지는 않지만 나이가 많은 여성들이 조새 하나만 있으면 굴을 깔 수 있어 가가호호 생계유지나 겨울철 소득으로 요긴하다.

걸대식은 마을 양식장이기는 하지만 개인별로 양식 공간이 정해져 있다. 그곳에 나무기둥을 세우고 굴 유생이 붙은 패각을 매달아 양식한다. 양식장 관리는 개인이 하지만 마을어장에 묶여 있다. 찬바람이 불면 양식장에서 줄을 베어 가지고 나와서 굴막에 앉아 조새로 굴을 깐다. 충남 서산과 태안 그리고 전남 고흥, 진도, 여수에서 볼 수 있는 풍경이다. 판매와 유통도 모두 개인이 알아서 한다.

여기에 비하면 수하식은 큰 차이가 있다. 우선 양식 규모가 엄청난 대규모이며, 굴을 까는 대형 박신장은 수십 명이 일하는 공장이라 할 만한 규모다. 바다에서 굴을 건져내는 것도 크레인을 이용하며, 세척과 분리 과정도 기계를 활용한다. 박신장에 모여 굴을 까는 도구도 조새가 아니다. 작은 칼을 이용해 조개처럼 입을 벌려서 알 굴을 꺼낸다. 겨울철이면 거제와 통영 일대에는 박신장에서 일할 사람을 구하느라 법석이다. 이렇게 해서 깐 굴은 수협 경매와 개인 유통을 겸해 판매한다.

대규모 굴 양식이 시도되면서 생겨난 문제가 굴 껍데기 처리다. 통영의 지역산업과 음식관광을 이끌고 있는 굴 껍데기가 아름다운 통영의 아킬레스건이 될 수도 있다. 특히 용남면 일대 해안에는 마치 산업폐기물을 쌓아놓은 것처럼 굴 껍데기가 쌓여 있다. 인근 박신장에서 나온 것들이다. 우리나라 굴 공급량의 대부분이 통영 바다에서 양식된다. 모두 알 굴로 유통되기 때문에 1년에 발생하는 굴 껍데기 10만여 톤을 처리하지 못해 쌓아두고 있다. 겨울철에도 굴 껍데기가 썩으면서 발생하는 냄새가 심각하니, 여름철에는 말할 필요도 없다. 굴을 많이 섭취하는 유럽이나 북미 지역에서는 깨끗하게 세척해 철망에 넣어 자연방파제로 사용하기도 한다.

갯밭의 원조, '바지락 양식'

바지락은 남녀노소 누구나 좋아하고, 봄·여름·가을·겨울 어느 계절에나 어울리고, 탕·무침·구이·회·젓갈 등 어떤 요리에나 맛을 내는 데 필요한 팔방미인이다. 바지락은 수심이 낮은 바다에서 사는 조개라 '천합'이라고도 했다. 그래서 배가 없고 힘이 없는 노인들도 호미 하나면 벌이를 할 수 있었다. 마을어업으로 이보다 좋을 수는 없다. 바지락은 모래나 진흙 속의 식물성 플랑크톤을 먹고 살며, 번식이 쉽고, 성장이 빠르다. 또 어릴 때를 제외하면 대부분 한곳에 머물며 자라기 때문에 경계가 없는 바다에서 가두어 기르지 않고 양식하기 좋은 수산물이다.

손암 정약전은 《자산어보》에 바지락을 '포문합布紋蛤', 속명이 '반질악盤質岳'이라 했다.

> 큰 놈은 지름이 두 치 정도다. 껍데기가 매우 얇으며 가로세로 미세한 무늬가 나 있어 세포細布와 비슷하다. 양쪽 볼이 다른 것에 비해 볼록 튀어나와 있으므로 살이 푸짐하다. 껍데기의 색깔은 흰 것도 있고 검푸른 것도 있다. 맛이 좋다.

위 인용문의 '세포'는 '올이 고운 삼베나 무명'을 말한다. 바지락 껍데기의 방사상으로 펴진 홈과 성정맥이 교차하면서 만들어낸 무늬를 표현한 것이다. 서양에서는 여성의 성기를 닮아 탄생의 상징이자 풍요와 다산과 순산을 도와주는 것으로 해석했다. 중국의 미인 백수소녀는 조개 속에서 등장한다. 설화 속의 미인 조개아씨와 고둥아씨도 마찬가지다.

바지락은 담수의 영향을 받는 내해나 내만의 조간대, 수심 20미터 내외의 혼합갯벌에서 잘 자란다. 여수 작은 섬에서 만난 한 주민이 "올해는 가뭄이 심해 바지락이 통 없다"고 말해 신기해한 적이 있다. 조간대에 서식하는 어류나 패류 중 상당수는 비를 기다린다. 적당한 육수(민물)가 공급되어야 잘 자란다. 그래서 비가 오지 않고 가물면 바지락도 흉년이 든다고 한다. 바지락이 어촌 마을 근처의 바닷가나 갯벌에 서식하는 이유가 있다.

바지락은 수명이 8, 9년에 이른다. 다 자란 것은 6센티미터 크기로 자라기도 한다. 그렇지만 보통 시장에서 먹는 바지락은 3년 이상 자란 것을 찾기 어렵다. 어민들은 수온 변화를 비롯해 예측할 수 없는 해양환경 탓에 더 기다리다 바지락이 폐사하느니 상품가치가 있을 때 파는 것이 좋다고 생각한다. 섬을 개간하거나 파헤쳐 흙이 바다로 유입되어도 바지락 농사를 망치기 일쑤다.

바지락 양식장 경관 중 고흥군 남성리 어촌의 양식장이 가장 독특하다. 옆에 바다만 보이지 않는다면 벼를 심는 무논처럼 보인다.

서해안에서, 특히 충남 태안, 전북 고창, 전남 고흥에서는 바지락 농사가 바다 농사를 대표한다고 해도 과언이 아니다. 고흥의 내나로도 덕흥마을은 '바지락 마을'로 널리 알려져 있다. 한때 부녀회에서 바지락으로 수천만 원의 소득을 올려 주목을 받기도 했다. 다리가 놓이기 전에 철부선(쇠로 만든 배로, 사람만 아니라 차를 싣고 다닌다) 운항도 바지락 어장이 큰 역할을 했다. 각종 마을 공동자금과 아이들 육성회비도 바지락으로 해결했다. 안면도의 황도에서도 바지락은 마을의 효자다. 상인의 구매 요청이 있는 날이면 어촌계장이 작업 개시를 알리는 방송을 한다. 정해진 바지락밭에서 정해진 양을 채취해 판매한다. 그런가 하면 고창 하전마을이나 남해 문항마을처럼 체험장을 마련해 어촌 관광자원으로 활용하기도 한다. 굴 양식과 달리 바지락 양식은 땅, 즉 갯벌에 의지해야 한다. 넓은 의미로, 땅이 있어야 가능하다. 특정 시설이 아니라 공간이 필요한 것이다. 바지락 양식을 하는 곳은 어촌계의 마을어장이 대부분이다. 민간이나 기업이 바지락 양식장을 점유하는 것은 현재의 「수산업법」으로는 불가능하다.

같은 종이지만, 서식 장소에 따라 참바지락과 물바지락으로 구분된다. 갯벌에서 호미로 판 바지락은 '참바지락' 혹은 '뻘바지락'이라고 한다. '물바지락'은 수심이 깊은 바다에 배를 타고 나가 형망(바지락을 파는 도구)을 집어넣어 끌어서 캔 바지락이다. 주민들은 물바지락은 씨알이 굵고 참바지락은 씨알이 작지만 옹골지고 단단하다고 한다. 참바지락은 썰물에는 먹이활동을 하지 못하지만, 물바지락은 썰물에도 먹이활동을 할 수 있다. 참바지락은 더위와 추위 등 온도 변화에 적응해야 하지만, 물바지락이 자라는 곳은 수심이 깊어 온도 변화가 상대적으로 적다. 서해의 마을어장이나 남해의 섬 주변 어장은 대부분 바지락밭이다. 통영이나 거제에서 갯벌에서 패류를 채취하거나 해조류를 뜯는 것을 '개발'한다고 하는데, '개발'이 바지락의 지역말이다.

조간대 바지락(참바지락)에 비하면 물속 바지락(물바지락)은 채취가 쉽지 않다. 물질을 하는 해녀들도 바지락을 하나씩 캐는 것은 현실적으로 어렵다. 잠수기어업도 큰 키조개, 개조개, 우럭조개 등은 몰라도 바지락은 생산성이 없다. 그래서 등장한 것이 형망이다. 큰 갈퀴 모양의 긁개에 자루그물을 밧줄로 연결해 배에 묶어 끌어서 조개를 캐낸다. 새꼬막의 채취도 비슷한 방식으로 한다. 거제의 장목면 일대 진해만, 고흥 나로도 일대가 주산지다. 옛날에는 자연산란하여 그 자리에서 자랐지만, 지금은 환경이 좋은 곳에서 산란하고 자란 어린 바지락을 가져와 뿌린다. 대부분의 바지락 양식은 이렇게 이루어진다. 그만큼 바지락 산란장의 환경이 훼손되었기 때문이다. 마을 공동 바지락밭은 어촌계에서 종패를 구입해 뿌리고, 개인 바지락밭은 개인이 구입해 뿌린다.

굴과 바지락 외에도 가리비(통영), 전복(완도), 꼬막(벌교), 새조개(여수), 피조개(통영, 여수), 백합(태안, 영광), 소라(제주도) 등의 양식도 많이 이루어지고 있다.

국민생선 넙치와 조피볼락 우럭 양식

어류 양식(바닷물을 이용한 해산어 양식만을 의미한다. 송어 등 민물양식도 있다)은 자본과 과학이 결합되어야 완성되는 첨단 영역이다. 그렇기 때문에 어촌 마을이 공동으로 '가두리'라 하는 어류 양식을 시도하기 어렵다. 대부분 민간이나 기업이 투자하고 있다. 어류 양식만 아니라 최근에는 김, 미역, 다시마 등 해조류 양식도 규모가 커지고 깊은 바다로 진출하면서 마을어업의 범위를 넘어 개인 사업이 되고 있다.

고려시대부터 어량, 어살, 어전 등을 이용해 물고기를 잡았다는 기록은 확인되지만 물고기를 가두어 길렀다는 기록은 없다. 《한국수산지》 3집에는 제주도 종달리 부근 작은 만에 문을 설치하여 4월쯤 숭어 치어가 들어오게 한 후 수문 앞에 발을 설치하여 숭어를 양식(축양)했다는 기록이 있다. 어류 양식이 본격적으로 논의되기 시작한 것은 1960년대다. 1960년대 중후반 동해안 포항 일대, 남해안 통영, 여수에서 방어 축양으로 확대되었다. 그런데 오늘날에도 방어는 인공 종묘가 생산되지 않는데, 당시 어떻게 방어 양식이 이루어졌을까? 당시 우리의 양식 기술로 완전 양식은 불가능했다. 완전 양식이란 '수정란으로부터 부화시켜 기른 어린 물고기를 어미로 키워 다시 수정란을 생산하는 단계'까지를 말한다. 대신에 봄철에 해조류 아래 의지해 지내는 어린 방어를 잡아 가두어 키웠다. 방어의 완전 양식은 공식적으로 2017년 일본에 이어 두 번째로 성공했지만 이를 시도하는 곳은 없다. 치어를 8킬로그램에 이르는 대방어로 키워야 하는데, 엄청난 먹성을 자랑해 새끼돼지라는 별명이 붙은 방어의 사료를 감당하기 어렵다. 무엇보다 계절의 한계가 있다. 방어는 수온이 상승하는 5월 초순에서 여름까지 동해 북쪽으로 회유해 올라갔다가, 연안 수온이 내려가는 가을이면 남쪽으로 내려온다. 그리고 제주 남쪽과 일본 규슈 남서쪽에서 월동한다. 최근에는 겨울철에도 수온이 내려가지 않아 제주보다는 동해안에서 많은 방어가 잡힌다. 삼척의 갈남마을 앞바다에서 방어를 잡는 대형 정치망을 본 적이 있다. 길이가 무려 100미터에 무게가 10톤에 이른다. 옛날에는 방어 치어를 잡아 양식을 하는 것이 가능했지만 지금은 자원 보전을 위해 금지하고 있다. 대신에 5킬로그램 내외의 중방어를 잡아서 3개월 정도 통영에 위치한 가두리 양식장에서 키워 겨울철 대방어로 유통하고 있다.

우리나라 어류 양식을 대표하는 것은 넙치와 우럭이다. 넙치 양식은 1980년대 중반에 시작되었다. 흔히 광어라고 부르는 넙치는 다른 어류와 달리 바닥에 붙어 생활하는 특성이 있다. 일찍부터 육상에 양식장을 만든 것도 이런 특성 때문이다. 1980년대 후반 전남과 경남 연안에서 넙치 양식을 시작했고, 1990년대 초반이 되자 제주도 해안가에도 넙치 양식을 위한 육상 가두리 시설이 들어섰다. 국내 굴지의 수산 관련 기업도 넙치 양식에 뛰어들었다. 국제적으로 우리나라가 양식 기술과 육종에서 우위를 점하고 있는 종이 넙치다. 1986년 한 민간업체가 제주도에서 넙치의 인공 종묘 대량생산 기술 개발에 성공했고, 양식에 적절한 수온이 유지되는 지하 해수를 찾아내면서 넙치 양식이 확산되었다. 이에 맞춰 정부가 지원하는 육종 개발도 활발하게 이루어져 고유 브랜드 '킹넙치'를 생산했다. 일반 양식 넙치에 비해 성장이 30퍼센트 이상 빠른 품종이다. 우리나라 넙치 생산량은 세계 1위다. 이만큼 양식 기술에서 국제적으로 경쟁력을 갖고 있는 품종도 없다.

양식 넙치가 횟감으로 자리 잡기 시작한 것도 1990년대 초반이다. 지금이야 넙치회가 흔하지만 당시에는 최고급 회였다. 1킬로그램에 4만 원까지 했다(지금은 15,000~20,000원 선). 그러다 보니 색깔이 비슷한 가물치회가 넙치회로 둔갑해 올라오는 해프닝도 벌어졌다. 넙치회가 인기인 것은 회수율이 높기 때문이다. 회수율이란 뼈와 내장과 머리를 제외한 순수 근육량을 말하는데, 회수율이 낮은 것은 회보다는 탕으로 제격이다. 우럭이라 부르는 조피볼락이 대표적이다. 그래서 횟집에서는 같은 무게라면 머리가 작고 살이 많은 넙치를 선호한다. 혹시 수입산 생선을 꺼린다면 넙치를 선택하자. 거의 100퍼센트 국내산이고 오히려 수출하기도 하니 말이다.

넙치는 가자미목 넙칫과로, 타원형에 이빨이 발달한 육식성 어류다. 우리나라 전 해역에서 서식하며 모래펄에 많다. 광어라고 부르지만 표준어는 넙치다. 눈이 왼쪽으로 몰려 있어 중국에서는 비목어比目魚라고 한다.《자산어보》에는 접어鰈魚, 속명은 광어廣魚라 나온다. 헤엄을 칠 때 몸을 접었다 폈다 하는 모습이 나비와 같다 해서 붙여진 이름이며, 몸통이 넓적해서 붙여진 이름이다. "큰 놈은 길이가 4~5척이고 너비는 2척 남짓이다. 몸통은 넓적하면서 얇다. 눈 두 개가 왼쪽에 치우쳐 있다"고 설명하면서 "맛은 달고 진하다"고 덧붙였다. 넙치의 특징이 잘 드러난다.

제주가 국내 양식 넙치 생산량의 54퍼센트, 수출량의 95퍼센트를 차지하며, 완도가 그다음으로 전국 생산량의 34퍼센트를

조피볼락은 서해를 대표하는 양식 어종으로, 흑산도 양식장은 조류 소통이 좋고 수질 환경이 좋아 품질이 좋은 조피볼락이 생산된다.

차지한다. 제주도는 '제주 광어'를, 완도는 '명품 광어'를 브랜드로 홍보를 하고 있다. 최근 노르웨이 연어와 강도다리 소비량이 늘고 일본산 방어가 유입되면서 넙치 소비량은 줄고 있다. 이에 비해 생산량은 오히려 늘면서 넙치 파동이 일어나기도 했다. 국제경쟁력이 있는 양식 기술을 가지고 있으면서도 노르웨이 연어처럼 마케팅을 하지 못하는 것이 우리 양식어업의 현실이다. 양식 넙치는 배 쪽이 짙은 녹색과 흰색이 섞여 있다. 이를 '흑화 현상'이라 한다. 반면에 자연산 넙치는 배가 흰색이다. 자연산인데도 흑화 현상이 있는 넙치가 있다. 인공 종묘 치어를 방류했거나 양식장에서 탈출한 넙치인데, 일명 '빠삐용 광어'다.

남해안과 제주가 넙치 양식이라면 서해안은 조피볼락 양식이 대세다. 흔히 우럭이라 부르는 물고기다. 북한에서는 '우레기'라 한다. 넙치 양식을 육상 수조에서 하는 것과 달리 조피볼락 양식은 바다에서 가두리를 이용해 한다. 전량 인공 종묘로 가능할 정도로 종묘 생산 및 양식 기술도 경쟁력이 있다. 1980년대 후반 인공 종묘 생산 기술 개발을 통해 1990년대 초반 인공 종묘의 대량생산이 이루어졌다. 옹진에서 신안에 이르는 서해 바다 곳곳에서 양식되지만 특히 충남의 서산, 전남의 신안 흑산 지역에서 많이 양식하고 있다. 회수율을 낮지만 머리가 몸에 비해 커서 시원한 국물을 즐기는 우리 음식문화에 적합한 어류다. 머릿뼈에서 우러난 국물이 진하다. 우럭미역국, 우럭젓국, 우럭맑은탕이 대표적이다.

조피볼락은 볼락, 우럭볼락, 불볼락, 쏨뱅이, 미역치, 쑤기미 등과 함께 쏨뱅이목 양볼락과에 속한다. 《자산어보》에서는 '검어黔漁', 속명은 '검처귀黔處歸'라 했다. 검은색을 띠기 때문이다. 바닷속 짙은 색 바위 근처에 머물며 새우나 게, 오징어를 잡아

먹기 때문에 진화한 보호색이다. 생김새는 "머리, 입, 눈이 모두 크고 몸은 둥글다. 비늘은 잘고 등은 검으며 지느러미 줄기가 매우 강하다. 맛은 농어와 비슷하고 살은 약간 단단하다"라고 했다. 서유구도 《임원경제지》 〈전어지〉에 '울억어鬱抑魚'는 "살이 쫄깃하고 가시가 없어서 곰국을 만드는데, 맛이 훌륭하다"고 했다.

방어, 넙치, 조피볼락 외에 참돔, 감성돔, 돌돔, 참조기, 농어, 강도다리, 고등어, 다랑어 등 다양한 품종의 어류 양식이 이루어지고 있으며, 시험 양식도 시도되고 있다.

04 해녀어업

해녀

제주에서는 해녀를 줌녀('잠녀'라 읽는다)라 한다. 속담 중에도 잠녀에 관련된 것이 많다. 여느 갯벌에서 그러하듯이, 제주에서 해녀는 가족 생계를 책임지는 여성이었다. 보통 아이를 낳은 여자들은 일곱이레(아이를 낳은 지 일곱 번째 되는 이레로, 즉 49일이다)를 몸조리하지만 제주 해녀는 아이를 낳고 사흘이면 바다에 뛰어들어 물질을 해야 했다. 아이를 강보에 싸 빗창과 테왁과 호미와 함께 '골체(골체, 삼태기)'에 담아 물질하러 나가야 했다. 빗창은 갯바위에 붙은 전복을 따는 도구이며, 테왁은 해녀들이 채취한 것을 담는 망태기다.

좀녀 애긴 낭 사을이민 물에 든다.

좀녀 애긴 일뤠만에 아귀것 멕인다.[3)]

보통 잠녀들은 한 번에 대여섯 시간 동안 물질을 하기 때문에, 젖을 먹어야 하는 갓난아이도 때로 허기를 견뎌야 했다. 해서 태어난 지 이레 된 아이에게도 밥을 '아귀것(어금니)'으로 씹어 먹였다. 석 달이 되면 밥을 먹였다. "애기 짐광 메역 짐은 베여도 안 내분다"고 했다. 아기 짐과 미역 짐은 무거워도 내려놓지 않았다는 뜻이다. 미역은 어린아이만큼이나 소중했다.

물질은 젊은 사람에게도 힘든 노동이다. 때문에 물질하는 제주 여성들은 곧잘 '소'에 비교된다. 섬에서 여자가 해야 할 일은 소가 맡은 일만큼이나 많다. 소로 못 태어나 여자로 태어났다는 말(쉐로 못 나난 여즈로 낫쥬)도 있고, 여자로 태어나기보다는 소로 태어나는 것이 낫다는 말(여즈로 나느니 쉐로 나쥬)도 있다. 물에 들어갔다 나오면 허기가 지는 것은 누구나 마찬가지인지, 잠수 먹

3) 《제주속담사전》, 민속원, 2013.

해녀들이 물질을 할 때 사용하는 도구로, 왼쪽은 테왁과 망사리, 오른쪽은 전복을 채취하는 빗창이다.

섬은 밭 가는 소 먹성(좀수 머굿 발갈쉐 머굿)이라는 말도 있다.

나이가 들면 뱃물질(배를 타고 나가 깊은 바다에서 하는 물질)은 물론 갓물질(바닷가에서 하는 물질)도 하기 어렵다. 결국 할 수 있는 일이 없어 쓸모없는 사람이 되고 만다. 오죽했으면 몸이 허약해져 풀뿌리 거름이 될 양분도 없다고 했을까. 제주 중산간 여성들은 길쌈으로, 해안 마을 여성들은 물질로 생계를 유지했다. 이들의 경제성을 비교한 속담에서도 잠녀의 어려움이 잘 나타난다. '질쏨ᄒᆞ는 사람 늙은 건 쓸 듸 싯곡, 물질ᄒᆞ는 사람 늙은 건 쓸 듸 엇나'는 길쌈하는 사람은 늙어도 일할 수 있지만 물질하는 사람은

제주시 우도면 연평리 우무깨 해녀들.

나이가 들면 일을 하지 못한다는 뜻이다. 길쌈을 하는 여인은 고쟁이가 9개인데, 잠녀는 고작 한 벌을 가지고 떨어지면 그걸 몇 번이고 기워 입어 아비와 아들 7명이 함께 들어야 할 정도로 무거웠다는 말도 있다.

질쏨밧 늙으닌 죽엉 보난 미녕소중의가 아옵이곡, 줌녀 늙으닌 죽엉 보난 일곱 애비 아돌이 들르는 도견수견[4]이 ᄒᆞ나인다.

나이 든 제주 잠녀들은 '육지 물질'(제주에서 육지는 동해와 서해와 남해 연안과 주변에 섬까지 포괄하는 의미로 사용한다. 따라서 해녀들이 제주 밖으로 나가 물질을 하는 것은 모두 육지 물질에 속한다) 한두 해면 시집갈 준비는 물론이고 세간살이며 집도 마련하고 밭도 샀다고 기억하고 있다. 해서 딸을 낳으면 돼지를 잡아 잔치를 열고 딸을 다섯 낳으면 부자가 된다는 말(똘 한 집이 부재, 똘 다숫 나민 부재뒌다)도 있다. 그렇다면 아들은? 아들을 낳으면 궁둥이를 찼단다. 잠녀들은 계절에 관계없이 물질을 한다. 다만 조금을 전후한 엿새와 바닷속이 어두운 날, 농사일이 바쁜 날은 물질을 쉰다. 그럼에도

4) '도견수견'은 잠녀가 물질할 때 음부를 가리기 위해 입는 물옷이다.

제주 서귀포시 성산리의 해녀 탈의장. 불턱이라 한다.

1년 중 절반은 바다에 머문다. '물 위에 삼 년, 물 아래 삼 년'이라 했다.

그러나 이런 육지 물질은 극심한 경쟁의 결과이기도 했다. 한때 해녀들이 넘칠 적에 물질할 바다가 좁으니 돈을 벌기 위해 뭍이나 해외로 물질을 나간 것이다. 이를 '출가'라고도 했다. 제주 잠녀들은 독도, 울릉도, 청산도, 연평도 등 국내는 물론 러시아나 일본 등 해외까지 출가를 했다. 여기에 황금어장인 '바당'의 황폐화가 겹치자 새로운 바다를 찾아 고향을 등져야 했다. 제주 하도리나 우도의 해녀들이 빗창과 호미를 들고 해녀들의 권익을 보호하기 위해 일어섰던 것은 생존 자체가 위협받았기 때문이다. 일제강점기에 이런 생존 투쟁은 항일운동으로 이어졌다. 이를 기억하고자 지금은 바당이 바라보이는 곳에 해녀박물관과 해녀항일운동 기념탑이 세워져 있다.

덧붙이자면 잠녀들이 옷을 갈아입거나 추위를 피하는 곳은 '불턱'이라 하는데, 불턱과 바당은 해녀들의 소통 공간이기도 하다. 원래는 화산돌로 쌓았던 불턱들이 지금은 시멘트 건물로 바뀌고 있는데, 이런 가운데서도 하도리 불턱은 용케 잘 보전되고 있다. 화산돌을 둥그렇게 쌓아 바람을 막고, 가운데 불을 지필 수 있는 화덕이 놓인 형태다. 불턱에서 두런두런 들려오는 제주 말에 귀를 기울였다. 옛날처럼 '바당'은 풍성하지 않고 잠녀들은 바다와 함께 늙어가고 있다. 바다 위 세레나데처럼 거친 호흡을 가다듬는 맑고 경쾌한 숨비소리도 늙어간다. 숨비는 해녀들이 물속에서 물질을 하다 숨을 더 이상 참지 못할 때 물 밖으로 고개를 내밀고 내뿜는 숨으로, 그 소리가 휘파람소리와 같다. 많은 해녀들이 함께 물질을 할 때는 그 숨비소리가 물새소리처럼 바람소리처럼 들리기도 한다. 이승과 저승을 오가는 해녀들 생사는 숨비소리에 달려 있다고 해도 과언이 아니다. 우도의 풍성한 바당에 울려 퍼지던 상군의 숨비소리가 그립다.

05 천일염

천일염과 염전

천일염전을 이용해 소금을 내는 것은 '사람'의 영역이 아니다. 바람과 햇볕에 맡기고 기다려야 한다. 인간이 선택할 수 있는 것은 햇볕과 바람을 보고서 염전에 들어가는 간수의 양을 조절하는 정도다. 여기에 공식은 없다. 농사짓는 농부들이 논마다 특성을 알고서 시비와 물의 양을 조절하듯, 소금밭도 위치와 방향, 바람 세기, 햇볕의 양에 따라 물의 양을 조절한다. 또 같은 소금밭이라도 특성에 따라 간수 양이며 염도를 조절해야 한다. 이 모든 것은 경험에 근거한다. 나머지는 모두 하늘에 기대야 한다.

전남 영광군 백수읍의 백수염전.

하늘이 내려준다 하여 '천일염'이라 하지 않던가. 인간이 만들어내는 것이었다면 이름을 달리했을 것이다.

천일염전은 크게 저수지, 증발지, 결정지, 소금창고, 수로 등으로 구성되어 있다. 증발지는 10단계로 이루어져 있고 결정지로 갈수록 면적이 작아진다. 바닷물 염도가 3도이며 증발지를 통해 22~25도의 함수를 만든다. 이 함수를 결정지에 넣고 사흘 정도 지나 소금을 채취한다. 바닷물이 소금이 되기까지 걸리는 시간은 보통 한 달 정도다. 날씨가 좋지 않은 날은 제외한 물리적 시간이다.

천일염을 만들기 위해 가장 먼저 해야 할 일은 바닷물을 저수지로 끌어오는 것이다. 보통 사리 물때에 갯골을 따라 염전에 있는 저수지로 들어온다. 최근에는 저수지나 바다에 플라스틱 관을 설치해 바닷물을 직접 끌어온다. 수로를 통해 오면서 더해질 수 있는 오염 방지와 염전 관리의 편리성 때문이다. 이렇게 끌어온 바닷물(함수)은 증발지에서 햇빛과 바람을 맞으면서 물은 증발되고 염도는 높아진다. 10단계 내외로 나누어진 증발지의 각 단계를 이동할 때마다 염도가 1, 2도씩 높아진다. 그 사이에 비가 오거나 날씨가 좋지 않으면 '해주'라는 공간에 함수를 보관한다. 염전에 가면 가운데에 큰 웅덩이를 파놓고 낮은 지붕을 덮어놓은 곳이 있는데, 그곳이 바로 해주다. 이렇게 만들어진 염도 25도 내외의 함수를 결정지에 넣고 2~3일을 기다리면 천일염이 만들어진다. 소금 생산자는 각 단계마다 염도를 측정하고 함수를 관리한다.

천일염 생산은 보통 4월 중순에 시작해 10월까지 이어진다. 가장 많이 생산되는 시기는 여름이다. 좋은 소금은 5월 말에서 6월 초 사이에 난다. 좋은 소금은 식용으로 사용되지만, 쓴맛이 강한 가을 소금은 건축용으로 이용되기도 한다. 식용으로 좋은 소금은 짠맛만 아니라 단맛도 따라오지만, 나쁜 소금은 짠맛 뒤

충남 태안군 근흥면 마금리에서 재현한 자염 만들기.

에 쓴맛이 따라온다. 미네랄 중 마그네슘 함량이 일반 소금보다 많기 때문이다. 기온이 낮고 지열이 낮고 바람도 증발에 적합하지 않을 때 생기는 소금이다. 옛날에는 몇 년에 한 번씩 소를 이용해 염전을 깊이 갈아엎고 써레질을 했다. 농사와 마찬가지로 소금도 땅이 좋아야 한다고 믿었기 때문이다. 지금은 트랙터를 이용해 염전을 갈아엎는 모습을 볼 수 있다. 그런 다음 바닥을 말리고 다진다. 그리고 겨우내 바닷물을 증발시켜 염도를 높인

물을 많이 만들어 해주에 보관한다. 염부들은 겨울철에 가장 많은 일을 한다. 땅 기온이 오르고 따뜻한 남풍이 불기 시작하면 해주에서 물을 꺼내 소금을 만들기 시작한다.

염전이 중요한 것은 우리나라에서는 암염을 채취할 수 없기 때문이다. 소금을 만들려면 바닷물에 의존해야 한다. 옛날에는 3도 정도의 바닷물 그대로, 혹은 15~19도로 염도가 높은 함수를 만들어 가마솥에 끓여 만들었다. 이렇게 얻은 소금을 자염煮鹽이라 한다. 자염의 생산 방식은 조차, 갯벌 유형(펄갯벌, 모래갯벌 등), 해안 지형에 따라 다르다.

자염 생산 방식은 갯벌 갈기, 함토 모으기, 함수 내리기, 끓이기의 과정으로 요약할 수 있다. 갯벌 갈기는 바닷물이 잘 들지 않는 갯벌에서 써레질과 덩이질(흙을 잘게 부수는 과정)로 갯벌 흙(함토)에 염분이 많이 붙도록 하는 과정이다. 이 함토를 한데 쌓아두고 바닷물을 끼얹어 함수를 만든다. 조차가 큰 조간대 상부는 물때를 볼 때 한사리(15일)에 바닷물이 드는 날이 손에 꼽는다. 이런 갯벌을 쟁기질하듯 소를 이용해 간다. 이때 사용하는 도구가 무논을 고를 때 사용하는 써레다. 그래서 써레질이라고 한다. 갯벌에 골을 만드는 것이다. 이는 바람이 잘 통하게 해서 개흙을 잘 말리기 위해서다. 개흙에서 물기가 증발되면 남는 것은 소금 알갱이다. 운동을 하고 땀을 식히면 얼굴에 하얀 소금기가 남는 것과 같다. 이를 반복하면 소금 알갱이가 커진다. 개흙을 모아 구덩이에 넣어두거나 언덕처럼 쌓아놓고 바닷물을 들이거나 끼얹어 소금기를 더한다. 이 과정을 거치면 15~19도의 함수가 만들어진다. 바닷물이 자연스럽게 밀려와 흙을 적시도록 한 것이 '통조금' 혹은 '섯구덩이' 방식이다. 개흙을 쌓아두고 바닷물을 끼얹는 방식이 '섯등' 방식이다.

마지막으로 이 함수를 소금가마에 넣고 끓여 소금을 만든다. 제주도처럼 용암이 흘러내려와 형성된 너른 암반('빌레'라고 한다)에 바닷물을 얹어 어느 정도 증발시킨 다음 소금 반, 물 반인 상태에서 솥에 끓여 만드는 방식도 있다(돌소금). 동해안에서는 육지에 염전을 인위적으로 만들어 바닷물을 끌어들여 소금을 만들었다. 일반적으로 섯등 방식은 전라도와 경기도 일대의 펄갯벌이 발달한 지역에서 나타나고, 태안에서는 '통조금', 고창에서는 '섯구덩이' 방식이 확인되지만 이들 지역에도 섯등 방식이 공존했다. 같은 지역에서도 바닷물이 얼마나 들고 나는지, 갯벌이 어떤 성격인지에 따라 각기 다른 방식으로 소금을 생산했다.

천일염 생산과 자염 생산은 1950년대 중반까지 공존했다. 당

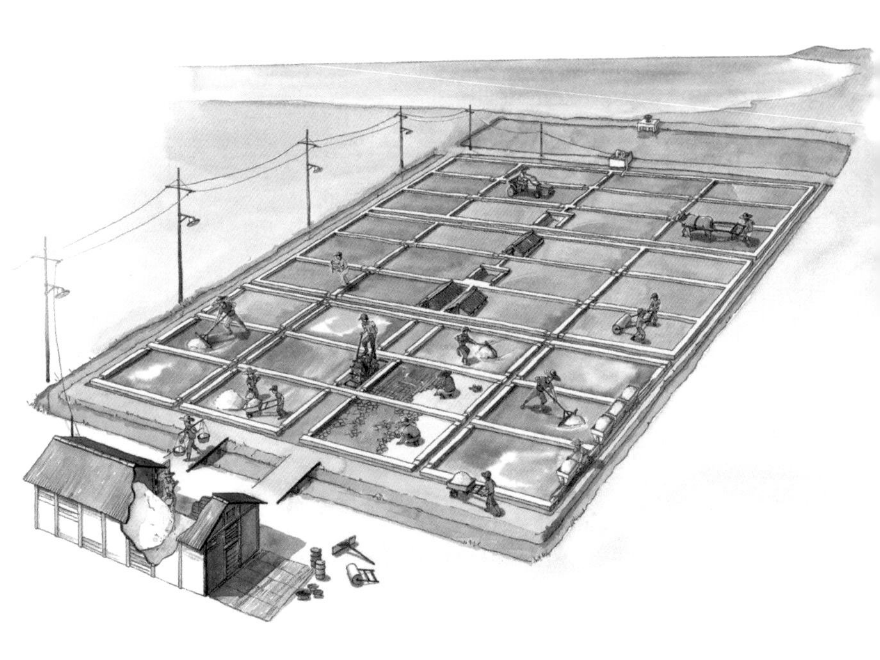

염부들이 소금을 만들고 있는 염전의 풍경.

시에는 천일염 생산량이 충분치 않아 중국에서 수입하거나 천일염을 녹여 불순물을 제거하고 가공한 '재제염'을 만들기도 했다. 그 무렵 인천에는 많은 소금 가공공장이 세워졌고, 부족한 소금 양을 충당하기 위해 전매사업이었던 제염업을 개인에게 허가하기 시작했다. 결국 1962년 전매제도가 폐지된다. 이듬해인 1963년, 염산업을 육성하고 국민경제 발전을 꾀한다는 목적으로 「염관리법」을 제정한 뒤, 소금을 광물로 분류했다. 민간 영역의 염산업 진출이 활발해지면서 소금은 자급을 넘어 가격이 폭락하기에 이르렀고, 1979년대에는 염산업 구조조정이 이루어졌다. 1997년에 시장 개방으로 소금 수입이 자유화되자 정부 주도로 폐전 정책이 추진됐다. 이와 함께 천일염 브랜드 가치를 높이기 위한 노력이 전남 지역을 중심으로 진행되었다. 한편 문화재청은 오래된 염전이 점차 문을 닫자 전국 염전을 대상으로 기초조사를 실시해 2008년 신안 대동염전과 태평염전 두 곳을 등록문화재로 지정했다. 또 같은 해 천일염도 식품으로 인정받게 됐다. 「염관리법」 역시 2017년 천일염 산업의 진흥 및 지원을 위한 「소금산업진흥법」으로 개정되었다.

전국 염전은 2018년 기준으로 총 1,111개에 이른다. 2013년에 1,249개였으니 그 사이 138개가 줄었다. 전국 천일염 생산량 역시 2013년 42만 톤에서 2017년 30만 8,000톤으로 줄었다. 염전이 가장 많은 신안군은 같은 기간에 951개에서 859개로 92개가 줄었고, 생산량도 8만 4,000톤이나 감소했다. 소금값은 2013년 1킬로그램에 308원에서 2017년 159원으로 하락했다. 염전 소유자 절반 가까이가 태양광 발전소로 전환하기를 희망하고 있고, 폐전을 고려하기도 한다. 소금밭을 지키는 주인으로서는 허리가 굽고 인건비도 건지기 어려우니 묵정논(묵은 논)처럼 묵정염전으로 방치해야 할 판이다. 태양광 집열판을 놓으면 차라리 임대료라도 받을 수 있으니 업자들이 찾아올 때 슬며시 내놓는 형편이다. 목돈을 마련하기 위해 아예 팔아버리기도 한다.

천일염이 식품이 된 후 염전 시설과 주변 환경을 개선하려는 많은 노력이 이어졌다. 발암물질 논란이 일었던 슬레이트는 강판이나 PVC로, 못은 녹이 슬지 않는 못으로 바뀌었다. 결정지에 깔았던 장판은 식품에 적합한 친환경 소재로 바뀌었고, 황토나 대리석 등으로 직접 제작하는 생산자도 있다. 시설 개선 못지않게 생산 기술을 표준화하는 일도 진행됐지만, 표준화가 말처럼 쉽지만은 않다. 햇볕과 바람은 말할 것도 없고 염전의 위치와 크기와 방향에 따라 생산 방식이 제각기 다를 수밖에 없으니, 그만큼 생산자의 경험에 대한 의존도가 크기 때문이다. 염전 대부분은 규모가 작아 기계화나 규격화가 어렵기도 하다.

우리나라 소금 생산량 대부분은 섬에서 나온다. 특히 신안 다도해가 최대 산지다. 크고 작은 섬과 섬 사이에 제방을 쌓아 소금밭을 만들었다. 물길이 좋은 곳은 논을 만들어 쌀농사를 지었고, 물길이 여의치 않은 곳은 바닷물을 끌어들여 소금 농사를 지었다. 쌀과 소금 중 어떤 농사를 지을 것인가를 결정하는 것은 물이었다. 저수지가 있거나 산이 좋고 물을 끌어들일 수 있는 곳은 논이 되었다. 물을 관리하는 치수는 개인이 하기 어려운 일이라 농사지을 민물을 구하기 어려운 곳은 염전으로 이용했다. 이렇게 섬에서 소금과 쌀은 형제처럼, 자매처럼 만들어졌다. 보릿고개 시절에는 쌀밥 먹기 힘들었지만 소금도 귀했다.

4부

지속가능한 어촌, 오래된 미래

어촌은 도시와 다르고 심지어 농촌과도 다르다. 어민들은 물때라는 바다의 시간에 맞춰 생활하며 생계를 유지한다. 물리적인 시간이 아니라 자연의 시간에 의지해 살아야 하는 숙명이다. 어로 방법이나 신앙, 마을 생활마저도 이러한 시간과 공간에 큰 영향을 받는다.

달리 이야기하면, 자연적 시간과 바다·갯벌이라는 공간이 사라진다면 어촌의 정체성 역시 사라질 수밖에 없다. 물론 산업으로서 수산업은 지속될 수 있고, 밥상에 생선도 변함없이 올라올 수 있다. 하지만 우리가 기억하는 어촌, 어민들의 삶이 녹아 있는 어촌은 사라질 것이다. 이는 단순히 마을이 사라지는 것이 아니다. 짧게는 수십 년, 길게는 수백 년의 전통 지식이 사라지는 것이다. 무궁무진한 가능성을 가진 문화자원이 사라지는 셈이다.

이를 어민들에게만 지켜달라고 강요할 수는 없다. 도시민, 시민사회도 함께 나서야 한다. 그 길은 멀리 있는 것 같지만 사실은 어촌의 가치에 공감하는 것으로도 충분하다. 어촌에서 나는 생산물을 그 가치대로 구입하고 어민들의 삶에 감사하는 마음으로도 부족함이 없다. 도시 농업처럼 도시 어업도 공감에서 비롯된다. 지속가능한 어촌과 어업이 어촌의 가치에 대한 공감에서 시작된다.

01

어촌의 새로운 가치

텅 빈 바다

인간이 물고기를 처음 만난 것은 언제였을까. 둘의 관계가 호혜에서 적대로 변한 것은 언제일까. 궁금한 문제지만, 아직 명확한 답을 찾지 못했다. 그만큼 연구가 이루어지지 않았다는 것도 큰 이유지만, 인간은 바다에 대해서도 물고기에 대해서도 너무 모른다. 바닷물고기가 무한하다는 생각도 인간이 바다에 대해 무지하다는 증거 중 하나다.

동해안을 주름잡았던 명태, 대구, 청어, 꽁치, 고래 등은 지금 사라졌거나 사라질 위기에 처해 있다. 여전히 어획되고 있는 오징어나 미역, 멸치, 문어 등도 양이 크게 줄었다. 남해는 어떤가. 남해에서 잡히던 갈치와 고등어는 어획량이 급감한 나머지 이제 밥상 위에 오르는 것은 대부분 수입산이다. 서해도 마찬가지다. 조기, 민어, 넙치, 새우 등은 대부분 사라졌거나 어획량이 크게 줄어 수입에 의존하고 있다. 넙치나 새우는 양식으로 대체되기도 했다.

국내에서 소비되는 양의 절반 이상을 수입하는 수산물은 명태, 새우, 낙지, 바지락, 주꾸미, 꽁치, 홍어 등으로, 이 중에는 심지어 전량을 수입하는 것도 있다. 고등어, 아귀, 게, 가자미, 참조기도 절반까지는 아니지만 상당한 양을 수입에 의존하고 있다. 일상적인 밥상이 아닌 제사상에 오르는 생선도 사정이 다르지 않다. 이런 추세라면 우리 밥상에서 생선이 사라지는 날은 멀지 않을 것이다. 물고기 한 종이 사라지면 그만 아닌가 물을 수도 있겠지만, 생태계는 그렇게 간단하지 않다. 그래서 생태계가 아닌가. 먹이사슬은 밥상에 멈추지 않는다.

동해안의 명태를 좀 더 살펴보자. 명태가 주체할 수 없이 많이 잡히던 때가 있었다. 그러던 명태가 동해에서 사라지자 오징어가 그 자리를 차지했다. 그러나 오징어도 자취를 감췄다. 횟집에서 기본 찬거리쯤으로 나오던 오징어는 더 이상 없다. 오징어는 해방 전후부터 1980년대까지 동해안 어민들의 생계를 책임졌다. 학생들은 오징어 철인 9월부터 10월 성어기에는 모든 일을 뒤로 미루고 오징어를 갈무리하고 말리는 일을 도와야 했다. 지금은 동해에서도 겨울철이 되어야 오징어 어장이 형성된다. 동해에서 잡히던 오징어는 이제 서해나 서남해로 가야 잡을 수 있다. 이마저도 국내 어장에서 잡을 수 있어 다행이다.

사라진 명태를 복원하기 위해 많은 노력을 기울이고 있지만 녹록지 않다. 어떤 이는 불가능하다고 말한다. 개체군의 90퍼센트가 사라지면 명태가 가지고 있는 기억들이 전승되지 않는다. 생물이 가진 집단 기억이 유전체를 통해 전승되어야 하는데, 그것이 사라지고 있는 것이다. 어획을 금지하는 것(금어기)은 최악의 상황을 막기 위한 처방이다.

앞서 말했듯이 식탁 위에 오르는 고등어는 이미 수입산이 된 지 오래다. 조기는 고등어보다 사정이 낫지만, 역시 우리 바다에서 잡아 밥상에 올릴 형편이 아니다. 크기도 예전 같지 않고 중국에서 수입된 것은 안전성에 의혹이 제기되며 명절이면 언론의 도마 위에 오르는 생선이다. 문제는 연어다. 고등어나 조기는 아이들보다는 어른들이 먹어왔던 생선이 대물림된 경우다. 하지만 연어는 아이들이나 비교적 젊은층이 좋아하는 생선이다.

서남단 국토 끝 섬, 전남 신안군 흑산면 가거도 어촌 예리.(제공 신안군청)

때문에 더 신경이 쓰인다. 살충제 달걀 파동을 보면서 가장 먼저 떠올랐던 것이 연어인데, 비단 양식 연어가 인간 건강과 해양환경에 끼치는 영향 때문만은 아니다.

지난 50년간 큰 물고기의 90퍼센트가 사라졌다. 동해에서는 대구가 사라지고, 서해에서는 조기가 사라졌다. 다 자란 고기는 말할 것도 없고 채 다 자라지도 않은 어린 물고기나 산란해야 하는 물고기를 마구 잡아들인 탓이다. 하지만 어부들은 바다에서 물고기가 잡히지 않는 것이 '수온이 변해서'라고 생각한다. 지구 온난화가 원인이기에 내 책임이 아니라는 것이다. 남획을 주요한 원인으로 생각지 않는다. 바다에서 물고기가 완전히 사라지기 전에 코가 작은 그물로 어린 물고기까지 잡는 약탈어업을 멈춰야 한다. 물고기며 조개가 마음 놓고 자랄 수 있는 갯벌과 바다 숲을 지켜야 한다. 동식물이 잘 자라게끔 산에 나무를 심어 숲을 가꾸듯, 물고기가 잘 자랄 수 있도록 바다 숲 역시 가꾸어야 하는 것이다. 바다식목일(5월 10일)을 정한 것도 이런 이유 때문이지만, 아는 사람이 많지 않다. 바다는 무한하지 않다. 인류가 사용할 수 있는 자원은 유한하다. 더욱이 한 번 무너진 생태계를 다시 회복하는 것은 어렵거나 불가능하다.

지속 가능한 어촌

어촌은 생업과 생활이 응축된 공간이다. 놀이까지 더해진 곳도 많다. 삶과 역사와 문화가 켜켜이 쌓인 공간이다. 하지만 정작 어민들은 어촌 마을의 가치를 잘 알지 못한다. 아마 그곳에서 자신이 살고 있기 때문일 것이다. 외지인들이 일부러 찾아오면서까지 바라보는 바다 풍경이나 어촌 풍경은 그들에게 매일 마주치는 일상적인 풍경일 테니까. 여행자들은 어촌에서 무엇을 보고 싶어하는 것일까?

먼저 배가 정박하는 포구를 보자. 제주에서는 포구를 '캐'라 한다. 지금은 대형 테트라포드로 파도를 막고 방파제를 쌓아 항구를 만들지만, 예전에는 파도, 바람, 물길을 따져 돌로 쌓은 자연 포구가 많았다. 자연 포구 옆에는 '원'이라는 독살이 있고 '테우'라는 전통 배에 의지해 자리돔을 잡았다. 해안도로가 만들어지고 항구가 대형화되면서 많은 옛 포구가 사라지거나 용도 폐기되었다. 《자산어보》를 쓴 정약전이 유배되었던 우이도에는 근대문화유산으로 등록된 옛 포구가 잘 남아 있다. 꼼꼼히 살펴보면 옛 목선 한두 척도 발견할 수 있다. 보물 중의 보물이다. 이런 선박은 마을 주민들이 직접 만들었다. '배무이'라 하는 장인이 나무망치와 끌, 대패만 가지고 배를 지었다. 굴을 까는 조새도, 바지락을 캐는 호미도, 어민들이 꼬막을 캘 때 타는 뻘배도 직접 만들곤 했다.

마을 안으로 들어가면, 강한 바닷바람을 막기 위해 높게 쌓아 올린 돌담이며 낮은 지붕이 눈에 띈다. 마을 어귀나 하늬바람이 부는 능선에는 어김없이 마을 숲이나 돌담이 있다. 비단 바람만이 아니라 파도와 모래도 막았다. 이런 마을 숲에는 십중팔구 마을 신이 모셔져 있다. 숲을 지키는 것이 곧 마을을 지키는 일이니, 타지인은 물론 주민들 역시 숲을 훼손하지 못하게 했다. 신체神體는 나무나 큰 돌에 불과하지만, 마을의 풍어와 안녕을 기원하는 정성이 대단하다. 큰 나무 밑에 당집을 짓기도 하고, 제단을 만들어 정월이나 특정한 날을 정해 마을 제사를 지냈다. 당산나무는 부러진 나뭇가지 하나도 소중히 했다. 가져갔다가 벼락을 맞았다는 이야기는 어느 마을에서나 들을 수 있다.

이러한 어촌과 어업유산이 어촌 개발이나 수산업 발전이라는 이름으로 사라지거나 훼손되고 있다. 조금 늦기는 했지만 최근 그 가치를 인식하고 국가중요어업유산을 지정하고 있으니 다행이다. 앞서 3부에서 설명했듯이 뻘배어업이나 죽방렴, 지주식 김 양식, 갯벌 천일염 등이 국가중요어업유산이다. 천일염업을 제외하면 모두 마을어장에서 이루어지는 마을어업이다. 어촌 없는 마을어업은 없다. 마을어업은 어촌을 전제로 존재하는 공동어장에서만 가능하다. 유럽이나 북미 어느 나라에서도 볼 수 없는, 우리에게만 있는 독특한 어업 방식이다. 그 자체가 공동 어업이고 어업 공동체이며, 어업 공동체를 유지케 한다. 그런데 여기에 심각한 문제가 생겨나고 있다.

정부에서는 어촌 고령화와 인구 감소에 대응해 귀어 정책을 추진하고 있다. 선택의 여지가 없이 꼭 필요한 정책이지만, 추진 방향에 아쉬움이 많다. 무엇보다 중요한 것은 귀어자와 기존 어촌 구성원 사이의 갈등을 최소화하는 것이다. 귀어자들은 대개 젊은 반면, 지금까지 어촌을 지켜온 이들은 노년층이다. 좋든 싫든 수십 년간 이어져온 어촌 관행과 마을 질서를 일시에 뒤집어 버리는 일은 기존 어촌 구성원들에게 고통을 안겨준다. 귀어자들을 비난하려는 것이 아니다. 어촌에 변화가 필요한 것은 틀림없는 사실이지만, 우선시되어야 할 것은 '어촌에 대한 이해'다. 그런데 정부에서 귀어자들에게 제공하는 정보는 '억대 연봉'이라는 장밋빛 청사진 일색이다. 수산 기술이나 양식 기술보다 중요한 것이 어촌에 대한 이해와 어민들의 삶을 존중하는 자세다. 물론 바다와 갯벌에 대한 이해도 수반되어야 한다. 어촌의 현실을 들여다보면 일부 대규모 양식장을 제외하면 나머지는 모두 마을어업에 기대 살아가는 어민들이다. 생계수단으로서 어업에 의존하는 사람들이다. 정책 결정자들은 아마도 수산업이 발달하면 어촌이 지켜지리라고 생각하는 듯하다. 오해다. 수산업은 문자 그대로 '산업'이다. 산업 발달이 어촌의 고유성과 역사성을 지켜내는 것이 아니다. 대규모 양식업이 아닌 마을어업에 의지하는 어민들이 많은 만큼, 어촌 활성화를 어가 소득 증진 여부로만 판단해서는 안 된다. 마을어업은 곧 어촌의 존립 근거이자 어민들의 생계수단이다. 어촌문화는 이들 다수의 어민들로부터 만들어지고 유지되며 전승된다. 어촌문화는 마을어업에서 비롯된다고 해도 과언이 아니다. 수산업 기술 발달만이 아니라 어촌과 마을어업 관련 정책이 의제에 올라야 하는 이유가 여기에 있다. 지금처럼 농어촌 정책에 묶여 추진되는 어촌 정책은 어촌 형편을 정확히 반영할 수 없다. 어촌이 농촌과 비슷한 면도 있지만, 분명히 다른 면도 있다. 마을어업은 수산업이 아닌 농촌 기반시설처럼 접근해야 한다. 그것이 어촌 복지이며, 사회안전망이다. 어촌 공동체 복원은 마을어업이 지속되지 않고는 불가능하다.

02 어촌 공동체의 미래

마을어업은 어촌복지다

어촌에서 마을어업은 복지이고 사회안전망이다. 정년도 없는 직장이 마을어장이며, 직업은 어촌문화를 오롯이 간직한 '어부'다. 어부는 낙지가 사는 눈(구멍)을 볼 줄 알고, 숭어가 오는 길목을 알고, 바지락이나 백합을 캐야 할 때를 안다. 가래와 호미만 들고 칠순에 현직 어부로 살 수 있는 것은 건강한 공동어장이 있기 때문이다. 어떤 복지시스템이 이런 생계 보장을 해주겠으며, 자존감을 갖게 해줄 수 있겠는가.

칠순이 넘고 팔순이 되어가는 노인들도 호미와 조새 하나면

귀어귀촌은 어촌과 마을어장을 지키며 살아온 주민들의 생활을 존중하는 것에서부터 시작되어야 한다.

정부의 연금을 쳐다보지 않고, 자식들 용돈을 기다리지 않는다. 어촌 재생과 활성화는 건강한 마을어장을 회복하는 일이다. 대규모의 산업화된 수산업이 어촌을 활성화시킬 것이라는 명제가 반드시 옳은 것은 아니다. 수산업과 어업은 같은 듯 다르다.

마을어업은 연안 환경 오염, 매립과 간척, 양식어업 규모화로 인해 점점 경제적 기능이 약화되고 있다. 어촌 마을도 고령화와 인구 감소로 공동체 운영이 어려워지고 있다. 이러한 문제에 대처하기 위해 정부에서는 귀어귀촌 정책을 추진하고, 지자체는 귀어귀촌자를 우대하는 사업을 펼치고 있다. 2016년을 기준으로 전라남도 귀어귀촌인은 345가구이며, 이어 충청남도가 286가구다.

귀어귀촌을 위해서는 기존 어업 관행이나 어촌 질서의 변화가 필요하다. 이보다 더 중요한 것이 어촌과 어업에 대한 도시민의 공감이다. 어촌은 다원적 기능을 하는 커뮤니티다. 심미적이고 한적한 바닷가 생활은 귀어귀촌을 결정하는 중요한 기능 중 하나다. 여기서 간과해서는 안 될 부분이 어촌과 마을어장을 지키며 살아온 주민들의 생활이다. 귀어귀촌은 이들에게 공감하는 것에서부터 시작되어야 한다. 물론 어촌계 진입과 입어 관행은 수정이 필요하다. 최근 곳곳에서 발생하고 있는 주민과 귀촌자 사이의 갈등은 이러한 부분에서의 공감 부재 때문이다. 귀농 정책에는 교육 및 준비에 많은 예산이 투입되는 한편, 귀어 정책에는 그런 교육이나 준비가 부재하다.

생태관광의 최적지는 마을어장이며 어촌이다

문화의 본질적인 기능은 '사회 재생산'이다. 어촌문화는 '어촌 재생산'이 되어야 한다. 어촌의 생활양식이자 상징체계이니 어촌문화가 존립하기 위해서는 어촌이 재생산되어야 하는 것은 당연하다. 어촌 질서는 어장의 질서와 마을 규범을 포함한다. 그런데 어촌문화는 마치 자연적인 것처럼 표상된다. 하지만 어촌 역시 사람이 살아가는 공간이다. 이런 맥락에서 어촌 체험도 물고기를 잡는 체험에서 바다와 해양의 중요성을 이해하는 가치 여행, 생태여행으로 방향이 전환될 필요가 있다. 어촌문화와 결합해야 가능한 것들이다. 이를 위해 어촌 자원의 기획과 네트워크를 구축하는 지원 조직 설립과 운영체제 구축도 고민해야 한다. 낚시를 비롯한 해양레저 인구의 증가와 더불어 남획, 오염, 마을어업 훼손 등 부작용도 나타나고 있다. 추진하지 못하고 있는 낚시 면허, 해양생태계 보전과 안전 문제 등 낚시문화를 개선하기 위한 노력이 함께 이루어져야 한다.

전남의 무안 갯벌을 시작으로 순천·보성 갯벌, 진도 갯벌, 신안 갯벌 등은 중요한 연안습지보호지역이며 람사르습지다. 특히 순천·보성 갯벌과 신안 갯벌은 갯벌세계유산 등재를 추진 중이다. 신안 갯벌은 대부분이 다도해생물권보호지역으로 지정되었다. 여수 다도해, 여자만, 가로림만, 도암만, 조도 다도해, 시하 바다(진도·신안·목포), 신안 다도해 등에 형성된 갯벌은 지역의 미래자원이다. 영산강, 섬진강, 금강의 영향을 받아 섬과 연안의 해안선 굴곡도 등이 더해지면 너른 갯벌이 만들어졌다. 섬과 연안 해안선 주변에 펄갯벌, 모래갯벌, 혼합갯벌 등 다양한 형태의 갯벌이 만들어진다. 이곳은 어민들이 가장 많이 이용하는 마을어장이며, 연안 어장이다. 어촌을 경제적 기반으로 다양한 어촌문화와 어업문화가 만들어졌다. 생태관광은 어촌과 어촌문화에서 출발해야 한다.

최근 지방분권과 함께 '지방 소멸'이 화두다. 심지어 지방 소멸 위험을 알리는 지표를 만들어 제시하고 있다. 전남 고흥군, 신안군, 경남 남해군 등이 포함되었다. 모두 해양자원이 가장 풍부한 지자체들이다. 오직 인구 감소로만 지표를 만든 탓이다. 아이러니하게도 미래학자들은 미래 먹을거리로 바다를 주목한다. 여행객들이 모여드는 곳도 바닷가요, 어촌 마을이다. 중요한 것은 유동인구이며, 부존자원이다. 이것이 어촌을, 어촌문화를 살려야 하는 이유다. 도시의 경관과 도시의 공간을 어촌과 포구와 섬에 옮겨놓아서는 안 되는 이유다. 섬과 어촌이 가지고 있는 가치를 더욱 가꾸고 보전해야 한다. 그 자원은 오롯이 어촌 마을에, 마을어장에 있다. 이를 위해 어민들이 존중되고 바다와 갯벌이 새롭게 인식돼야 한다.

도시민은 어촌과 섬을 찾아 마을을 보겠다고 들어오는데 정작 그곳 주민들은 힘들다며 떠나고 있다. 이제 어민 힘만으로는 어촌과 어촌문화를 지킬 수 없다. 도시민의 관심과 참여가 필요하다. 도시민의 참여를 위해서는 어촌에 새로운 가치가 부여되어야 한다. 궁극적으로는 '가치 어업', '가치 여행'을 추구하기 위한 어촌문화 자원이 프로그램으로 마련되어야 한다. 도시민이 공동 생산자로, 도시 어민으로 나서야 한다. 이를 위해 어촌과 어장 질서와 규범도 유연하게 변해야 한다. 어촌 재생산은 기존 질서의 균열에서 시작된다. 이것이 어촌문화와 어촌 정책이 담아야 할 형식과 내용이다. 마을어업이 수산업이 아니라 어촌 재생과 함께 논의되어야 한다. 농어촌 정책이 아니라 어촌 정책으로 접근해야 하는 이유다.

찾아보기

바닷마을
인문학

초판 1쇄 발행 2020년 2월 15일
초판 2쇄 발행 2021년 11월 25일

지은이 김준

펴낸곳 도서출판 따비
펴낸이 박성경
편집 신수진, 차소영
디자인 김종민

출판등록 2009년 5월 4일 제2010-000256호
주소 서울시 마포구 월드컵로28길 6(성산동, 3층)
전화 02-326-3897
팩스 02-6919-1277
메일 tabibooks@hotmail.com
인쇄·제본 영신사

ISBN 978-89-98439-77-4 03380

값 17,000원

이 도서의 국립중앙도서관 출판예정도서목록(CIP)은 서지정보유통지원시스템 홈페이지(http://seoji.nl.go.kr)와 국가자료종합목록시스템(http://www.nl.go.kr/kolisnet)에서 이용하실 수 있습니다. (CIP제어번호 : CIP2020001192)